"对外经济贸易大学十四五规划教材" 2024 年建设项目

翻译专业基础课系列教材

汉英对比与翻译

主　编◎王建国

CONTRASTIVE LINGUISTICS IN ACTION: AN ENGLISH-CHINESE TRANSLATION COURSEBOOK

华东师范大学出版社
·上海·

图书在版编目（CIP）数据

汉英对比与翻译 / 王建国主编. -- 上海：华东师范
大学出版社，2024. -- ISBN 978-7-5760-4897-1

Ⅰ. H315.9

中国国家版本馆CIP数据核字第2024D8P735号

汉英对比与翻译

主　　编　王建国
项目编辑　张　婧　袁一蕙
特约审读　王磊华
责任校对　王　晶
装帧设计　俞　越

出版发行　华东师范大学出版社
社　　址　上海市中山北路3663号　邮编 200062
网　　址　www.ecnupress.com.cn
电　　话　021-60821666　行政传真 021-62572105
客服电话　021-62865537　门市（邮购）电话 021-62869887
地　　址　上海市中山北路3663号华东师范大学校内先锋路口
网　　店　http://hdsdcbs.tmall.com

印 刷 者　上海展强印刷有限公司
开　　本　787毫米×1092毫米　1/16
印　　张　12.5
字　　数　254千字
版　　次　2025 年 1 月第 1 版
印　　次　2025 年 1 月第 1 次
书　　号　ISBN 978-7-5760-4897-1
定　　价　49.00元

出 版 人　王　焰

（如发现本版图书有印订质量问题，请寄回本社客服中心调换或电话021-62865537联系）

前　言

"对比分析是古老的,因为自有翻译以来就有语言对比"(王宗炎,1983:3)。如我国最早的翻译文献即三国时支谦(生卒年不详,约3世纪)写的《法句经·序》就有:天竺言语,与汉异音……名物不同,传实不易。再如佛典汉译高僧道安(312—385)悟出佛经翻译有五种情况无法与梵文原意相符,所以佛经翻译存在"五失本,三不易"的现象。

可见,翻译和对比始终是无法分开的,因为翻译就是因为两种语言存在差异但两种语言的使用者又需要交流而产生的,从事翻译实践和研究工作离开语言对比是无法想象的。

党的二十大报告特别强调了"增强中华文明传播力影响力"和"加快构建中国话语和中国叙事体系,讲好中国故事、传播好中国声音,展现可信、可爱、可敬的中国形象。加强国际传播能力建设,全面提升国际传播效能,形成同我国综合国力和国际地位相匹配的国际话语权。深化文明交流互鉴,推动中华文化更好走向世界"。应该说,由于英语国家在世界上占有极其重要的地位,深化与英语世界文明交流互鉴将是增强中华文明传播力影响力最重要的途径,但能否落实好,离不开汉英对比研究。传统上,汉英差异甚多,且很难看出这些差异之间的逻辑关联,本书对主要汉英差异重新进行了整合,推导出适用于汉英和英汉翻译的方法体系和技巧体系,一定程度上做到了翻译方法和技巧具有语言针对性和翻译方向针对性,对推动汉英翻译和英汉翻译教学作出有针对性的改革,从而对深化中华文明与英语文明交流互鉴带来十分有益的帮助。

本书有六大创新之处:

1. 区分翻译角度的汉英对比与翻译和汉英对比角度的汉英对比与翻译

当前,汉英对比研究与翻译存在两种关系:汉英对比与汉英互译是平行关系(A角度);汉英对比与汉英互译是主从关系,前者是从,后者是主(B角度)。

本书站在B角度,从汉英对比的角度来看翻译行为,主要讨论翻译行为所牵涉的翻译方法和技巧体系。

2. 基于意义翻译提出了翻译共性

当前主流的翻译共性研究之一就是基于语料库,而当前语料库的研究几乎都是基于形式的,而翻译是翻译意义,这给研究方法、结论都带来很大的局限。如语料库的检索通常不能区分删除和意义的隐含。与之相关的研究,如显化和隐化的区分,难以把握标准,对显化与加注不作区分或难以区分。

本研究认为翻译是翻译意义，从翻译意义的角度对翻译存在的普遍现象进行了描写，对翻译实践和理论的研究提供了新的角度。

3. 策略、技巧是具体的，方法是抽象的

传统上的翻译策略、方法和技巧之间的逻辑性不强，最大的问题是它们都没有凸显语言针对性和翻译方向针对性。

本书提出，翻译方法源于两种语言差异，是稳定的，与语境无关，因而也是抽象的，而策略和技巧是存在于语境之中的。策略作用于方法，在语境中将方法转化为各种变体，即技巧。具体的策略与两种语言差异所带来的问题并不是直接关联的。

4. 方法和技巧都是基于翻译意义而提出的

传统上，所谓的策略、方法和技巧多数是基于形式转换而提出的。而本书中方法和技巧是基于翻译意义而提出，认为翻译问题基本上来自意义转换。本书提出的方法和技巧更具有实践指导意义。

5. 探讨了不同文体翻译的共性与个性

传统上讨论不同文体翻译实践的时候，如科技翻译，多局限于专业词汇和句子的长短，没有集中在不同文体文本所表现的功能和表意特征上。本书初步尝试根据翻译方法和技巧体系以及一些观察描写多种文体翻译的共性和个性特征。

另外，本书是《汉英翻译学：基础理论与实践》《英汉翻译学：基础理论与实践》《汉英对比视角下的翻译实践分析》的延续，这三本书使用了大量的文学翻译例证。本书强调对不同文体翻译实践的适用性，特意选用了大量的非文学翻译例证。

6. 从意义对比角度丰富了汉英差异的认识

刘宓庆（1980）和邵志洪（1996）等学者指出过，英语词义比汉语词义更加丰富。本书反映了英语句子的字面意义或者命题意义也存在比功能相同或相似的汉语结构的字面意义或命题意义更加丰富的趋势。另外，英语标点符号的功能也比汉语的更加丰富。

本书的理论价值和应用价值大致有：

理论价值：

（1）翻译学：推进汉英双向翻译的方法论体系建设，为双向翻译的排他性研究奠定基础。

（2）比较文学译介学：助力审视译者主体性行为、创造性叛逆等翻译现象。

（3）英汉对比语言学：将提高汉英语言与文化差异研究的系统性。

应用价值：

（1）实践性强：本翻译方法论体系与翻译效果的相关性比传统体系更强。

（2）解释性强：能较好地解释传统上概括性很强的译文判断，如意译等。例如，将"你先走"译为"after you"，实际上遵循了英语重结果的语用原则。汉英翻译中的意译多数遵循了书中提出的某种原则。

（3）预测性强：助力预测译者母语、文体对翻译的影响。书中引用了一系列英语母语译者和汉语母语译者的翻译对比研究成果，也指出了不同汉英文体文本的差异，这些不仅能帮助人们扩大知识面，还能帮助其预测译者母语和不同文体对翻译可能造成的影响，从而帮助人们开展相关实践或相关研究。

（4）时代性强：为当前中国文化的输出与引进提供策略参考。当前中国大力推动中华优秀传统文化"走出去"和构建人类命运共同体，本书从汉英对比的角度讨论翻译实践，有利于读者获得汉英语言文化差异知识，并根据这些差异，恰当选择通过汉英互译输入文化和输出文化的策略。

（5）教学适用性强：助力改变汉英双向翻译教学中理论与实践相关度不够的局面。

目　录

第一章

绪　论

第一节　汉英对比与翻译的关系

在回答这个问题之前,首先我们要知道为何要翻译。

两种语言存在差异,导致两种语言使用者无法交流,因而需要翻译。换言之,翻译的主要和基本功能就是便于交流。

既然是因为汉英差异导致交流障碍,那么我们必须找到两种语言文化的差异,发现是何种差异导致交流障碍,才有可能提出解决这些差异问题的方法和技巧。

第二节　汉英对比成果与汉英翻译实践的适用性

首先,我们必须清楚,汉英对比成果,多数也是英汉对比研究成果。汉英对比,从汉语客观事实出发,看汉语与英语的差异;英汉对比,则从英语客观事实出发,看汉语与英语的差异。目前,这两个角度差异的对比研究,并没有太多差异化的成果,更多的只反映出对比研究视角的差异,尽管原理上视角不同,成果不同。

应该说,当前汉英对比研究至少从宏观、中观和微观三个角度,即在刘宓庆(1991)提出的三个层面(语言表层结构、表现法和思维方式)上,产生了丰硕的研究成果:

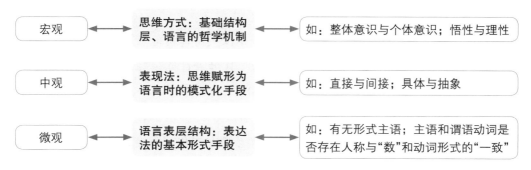

图1-1　刘宓庆汉英对比三层面

思维方式的差异决定了表现法的差异,语言表层结构的差异体现了表现法的差异,表现法的差异是轴心。但这三个层面对翻译实践的适用性是不一样的。语言表层结构对比受到不同结构具有不同功能的局限,很难概括出有一定普适性的方法和技巧。

思维方式因为与表达所需的语言表层结构有距离,中间被表现法阻断,且翻译是翻译意义,所以,直接从思维方式来探讨翻译实践,往往显得鞭长莫及,提出的方法和技巧多流于玄虚。

表现法,上通思维方式,下达语言表层结构。翻译是语用行为(Levý,2000),表现法又是语用的,因而表现法的对比对翻译实践最具有适用性(潘文国,2003)。不过,若三个层面不能打通,则很难更好地描写、解释和指导翻译实践。

第三节　忠实与通顺的关系

汉英对比研究应用到汉英翻译和英汉翻译中往往就是让译者了解两种语言文化差异,让译者自己去决定是尊重差异、再现差异,还是转换差异、抹除差异。

尊重差异,往往译文更为忠实;转换差异,往往译文更为通顺。传统上,视为翻译策略的异化,就是提倡尊重差异,且更多的是指尊重文化差异。转换差异,往往发生在语言结构层面,因为不转换语言结构差异,就很难产生有可读性的译文。

本书提倡在译文具有可读性的情况下尽量尊重差异,但不提严格要求,如必须尊重差异或必须转换差异。

第四节　汉英对比与汉英翻译和英汉翻译的关系

英汉翻译,由于译语即汉语是我们的母语,通常很多人通过母语的直觉就可以写出流畅、通顺且读起来有美感的译文。这使得很多人忽视了汉英对比研究可能给英汉翻译带来的启示,如忽视了汉英对比研究对理解英语原文以及进行汉语表达的作用。

汉英翻译,由于目标语是外语即英语,通常很多人认为汉英翻译的难点在于表达。换言之,汉英翻译中我们理解汉语原文是没有问题的,只要能使用地道且合适的英语表达就能成为优秀的译者。

事实上,这种观点同样忽视了汉英对比研究给汉英翻译可能带来的启示。很多优秀的翻译家也会受到原文的干扰,即使译语是其母语,其母语直觉在翻译中也会表现出不稳定性,给出美感不足、通顺不够的译文(王建国,2020)。

汉英对比主要是寻求汉英之间的差异,差异知识可以帮助译者理解和表达英语,也可以帮助译者理解和表达汉语,尤其是帮助译者理解思维方式和审美方式是如何影响作者表达的,从而帮助译者提高翻译的理解力和译文表达的决策力。换言之,了解汉英差异,才能明白为何会发生汉英翻译和英汉翻译,预见翻译问题,掌握解决问题的手段。

一、何谓翻译中的理解与表达

"理解"就是"懂",理解原文就是懂得原文的意义。然而,翻译中的理解显然不同于非翻译中的理解。王建国(2019b)指出,翻译中的理解需要为转换服务,因而翻译中理解的特色是：翻译理解的完成必须具有双语差异知识。

"表达"就是"表示"思想或感情。非翻译的表达，通常就是表达说话人或作者自己的思想或感情，能表达多少算多少，还可以绕弯子表达。然而，翻译中的表达需要对比双语差异，考虑是否和怎样转换，再根据译文功能遵循接近于译语写作的方式进行写作。

总之，翻译中的理解，不能仅理解为对原文语言的理解，而必须理解为有转换意识的理解；翻译中的表达，不能仅理解为对原文意义的转述，而必须理解为有转换意识的表述。

翻译过程的三个阶段（理解、转换和表达）密不可分，但转换是关键。转换过程贯穿整个翻译过程，是区别于单语环境中理解和写作的根本特征。整个翻译过程都离不开双语差异知识。

二、汉英翻译中的汉语理解和英汉翻译中的英语理解

汉英翻译时，若不了解汉英的差异，或了解汉英的差异但不需要翻译，我们可能不会发现，很多时候汉语原文对汉语母语者来讲并不好理解。以"他左手边是关帝庙，右手边是清真寺"这句话的翻译为例。实际上，左手边和右手边是什么，取决于"他"怎么站，所以，若无语境这句话很难翻译。因而汉语的理解需要高语境，为了理解原文，甚至要做一些作者没说明白的工作。

英汉翻译时，了解英汉差异，才能了解英语原文传递了何种美，需要什么汉语表达方式来传递一样的美。若不了解，即使译文很美，也未必忠实地传递了原文中的美。总体上，英语的理解是低语境的，但其中沉淀的思维方式和审美方式却往往难以识别和把握。事实上，我们也发现一些优秀英汉翻译家的译文也存在理解偏误或可读性的问题（王建国，2020）。

第五节　本书的特色

本书是研究性的教材，其主要特色表现在：汉英对比研究与汉英翻译和英汉翻译将十分紧密地结合起来。这表现在以下几个方面：

一、区分汉英对比与汉英互译实践的两种关系

翻译包括翻译行为（act）和翻译事件（event）。前者指从开始处理原文到完成译文的行为过程，后者指翻译活动从发起到结束的过程。事件包括行为（Chesterman, 2013），也泛指一切从某种状态或动作开始到该状态或动作结束的过程。

当前，汉英对比研究与翻译存在两种关系：汉英对比与汉英互译是平行关系（A角度）；汉英对比与汉英互译是主从关系，前者是从，后者是主（B角度）。A角度主要根据汉英对比的成果来探讨汉英对比对翻译行为的启示，很少从翻译事件的角度出发，往往使用对比语言学的框架来比照翻译行为，有序或随意地从语音、词汇、语法、语用、语篇、思维方式等层面来

讨论汉英对比给翻译行为带来的启示。B角度则主要从翻译事件发生的角度看翻译需要汉英对比带来何种启示,是从宏观到微观再回到宏观。

A角度当前较为普遍,其框架有很强的结构主义色彩,讨论多从微观到宏观,与翻译事件和行为从宏观到微观再回到宏观的发生程序不够契合,因而给翻译的启示难成体系,甚至对比与翻译成了"两张皮"。

B角度当前鲜有成果,主因是当前缺乏翻译视角的汉英差异体系。翻译视角是指符合翻译事件和行为实施、从宏观到微观再回到宏观的过程视角。首先,认识什么是翻译,翻译的目的是什么,要取得什么效果,实现什么价值,制定何种对策,采用何种方法落实,是否达到了目的、实现了既定的价值和效果。

本书限于适用对象和篇幅,将基于汉英对比研究,重点探讨和描写翻译行为需要的方法和技巧。

二、汉英翻译方法论与英汉翻译方法论各有针对性

传统上,汉英翻译方法论和英汉翻译方法论几乎没有差异,从某种意义上来看,这是没有把汉英对比研究成果很好地应用到汉英翻译和英汉翻译的结果。

传统上的翻译策略有异化、归化,方法有直译、意译,技巧是词性转换、增译等(熊兵,2004)。然而,这些策略、方法和技巧并没有体现汉英两种语言差异的针对性,也没有体现汉英翻译和英汉翻译为不同方向的针对性。

本书将根据汉英差异提出汉英翻译和英汉翻译的各自方法及其技巧体系,两者形成互证,充分展现了汉英差异和翻译方向的针对性。

英汉翻译和汉英翻译在实践层面上基本是互逆的,但表现出不对称性(王建国,2019b,2021)。原因在于:

1. 汉英两种语言不对称

不少汉语表达的逻辑性较弱,汉英翻译时会翻译成逻辑性较强的英语。而英汉翻译时,较强的逻辑若能转译到汉语中,译者不会故意使用逻辑性弱的表达。除非违反汉语语法、伦理道德等意识形态的要求,否则,只要不过分破坏汉语的审美要求,译者就会使用较为符合逻辑的汉语表达。这样,总体而言,我们会发现更多的不符合逻辑的汉语表达会翻译为更符合逻辑的英语表达,而更多的符合逻辑的英语表达,仍然会翻译为更为符合逻辑的汉语表达,而不是逻辑性较弱的汉语表达。如"樱桃好吃树难栽",树并不难栽,逻辑上是难养,因而"树难栽"会被译为"the trees are difficult to grow",而不是"plant"。反过来,该译文若为原文,且需要翻译成汉语,译为"树难栽"就可能遭到质疑了,毕竟原文说的是培植起来难。

2. 汉英两种文化影响不对称

当前,英语国家文化,相对而言,对其他文化的影响较大,而汉语文化的影响相对较小,因而汉英翻译可能需要在原文的基础上做出更多的显性变通,增或减。

总体上,英汉翻译会更多地模仿英语原文的形式和逻辑,尽量再现其文化,而汉英翻译会对汉语原文形式和逻辑及其文化作出更多的调整。

三、翻译方法和技巧参照意义表达而非形式提出

翻译是翻译意义(Nida, 1982; Newmark, 1982)。翻译的问题,是翻译意义的问题;翻译意义的方法和技巧必须解决意义传递的问题,而不是形式传递的问题。

传统上,很多翻译技巧是参照形式提出的,但也有一些是参照意义提出的,这给翻译理论研究和实践造成了诸多混乱。以增译为例,若在译文中增加意义,这显然是背叛原作的做法,因而这种技巧往往只能参照形式认定才有理有据。但若参照形式来看译文是否增加,不但违反了翻译是翻译意义的本质,也会让译者无所适从。因为英语翻译成汉语,汉语翻译成英语,何处没有形式增加或改变呢?原文中本来就没有英语或汉语,译文中有了英语或汉语,那不就是形式增加或改变了吗?当然,我们不否认背叛原作在特定语境下是合适的做法(参看第三章第三节)。这牵涉到翻译目的等问题。

本书的汉英翻译方法和英汉翻译方法及其技巧体系都是围绕着意义传递而提出的。

四、汉英对比研究成果具有系统性

传统的汉英对比研究成果大多数是零散的,很多成果之间没有很强的关联性,例如"汉语意合,英语形合"与"汉语具象,英语抽象"之间的关联如何呢?当很多汉英差异之间关联不明显时,汉英对比研究给汉英翻译和英汉翻译所带来的启示,往往相关性不高,且显得零碎,难以构成有体系的汉英翻译方法论和英汉翻译方法论。

本书将把47条汉英差异归纳为一个基本特点和一个显著特点,并按照这两个特点,推导出汉英翻译和英汉翻译的方法和技巧。

五、汉英翻译方法论和英汉翻译方法论具有系统性

传统上的翻译策略、方法和技巧之间并不具有很强的逻辑关联性。

首先,传统上极少有人从方法论的角度区分汉英翻译和英汉翻译,导致汉英翻译和英汉翻译的策略、方法和技巧几乎是一样的。如此,就很难做到使汉英翻译或英汉翻译的策略、方法和技巧具有针对性,同时也不可能具有系统性。

其次,传统研究指出翻译策略是异化和归化,翻译方法是直译和意译,技巧则是增译、减译、词性转换等。我们可以发现,这三者之间并没有很强的逻辑相关性,异化和归化并不能推导出直译和意译。但是,有些学者认为直译就异化了,意译就归化了,即直译和意译与异

化和归化是相互推导的。这也就难怪一些学者认为,直译和意译只是异化和归化的另一种说法而已,只是前者讲的是语言层面上的,后者讲的是文化层面上的(如郭建中,1998)。

　　本书将体现翻译策略、方法、技巧三者之间严格的逻辑关联,构建出系统的汉英翻译方法和技巧体系与英汉翻译方法和技巧体系,为翻译实践带来更大的启示。

六、多种文体翻译互为参照

　　应该说西方社会的发展,造就了不同行业的发展,社会分工越来越细,形成了满足不同领域需求的语言文体。换言之,各种文体的出现,实际上是为了服务社会的发展,反映现实生活的需求。

　　随着西方文明的输入,我国的不同行业也得到迅速发展,社会分工同样走向精细化。为了反映这种现实对语言的需求,很大程度上我国也出现了与西方相对应的文体。但由于这些文体的出现并不仅仅反映了语言满足现实的需要,同时也反映了西方思维方式及其实现的行为方式,因而这些文体被转换为汉语之后,就表现出一定的不适应性,出现了所谓的欧化语言和翻译腔,对汉语传统审美形成挑战,也对汉语本身的表达力形成挑战。

　　欧化语言和翻译腔在英汉翻译中多数表现为准确与通顺的矛盾。文体的分工在于不同的文体具有不同的界限性、排他性和精确性的要求,而汉语相对于英语而言,其特点恰恰表现为界限性弱、连续性强、模糊性强(王建国,2023)。因此,汉语中传统上没有的文体,英译汉时很容易出现欧化和翻译腔的特征。出现这种特征,一定意义上与保证译文意义准确相关,因而,英汉法律翻译,甚至汉语原创的法律文本,都可能存在相对明显的欧化和翻译腔的特征。

　　各种文体的汉英互译都离不开汉英两种语言文化的差异,因而基本的翻译方法和技巧体系是一样的。但同时,由于每种文体都有其个性,因而也需要学习不同文体翻译的个性特征。

　　本书使用的语料,充分考虑了不同文体。必要时,我们会使用一些文学翻译案例,凸显实用文体翻译的个性。

思考题

1. 为什么需要翻译?

2. 翻译的方法与你翻译的语言(原语)和表达的语言(目的语)的差异有何关系?

3. 你是如何理解翻译是翻译意义的?

第二章
汉英对比研究概览

第一节　三个对比层面

一般认为汉英对比研究有三个层面(参见第一章图1-1)：第一个层面是语言表层结构的对比；第二个层面是表达法(又称表现法)的对比[1]；第三个层面是思维方式的对比。这三个层面最早是刘宓庆(1991)提出来的，后来得到了国内几乎整个汉英对比学界的赞同(潘文国，2003，2019)。

下面根据我们对汉英对比与翻译的认识，分三个层面归纳汉英对比研究成果。

一、语言表层结构层面

第一个层面是语言表层结构层面，主要是语音、语法结构的对比(见表2-1)。

表2-1　汉英语言表层结构差异

汉　语	英　语	解　　释
音节论	音素论	音节论源于音素组合的混成共起性，音素论源于音素组合的离散继起性。混成共起性，是指音素结合的界限[2]紧密难分；离散继起性，是指音素结合的界限若连似断。如"英语的sway(摇摆)与汉语的suei(岁)，国际音标同为[suei]，但在实际发音过程中，sway的发音表现为s-u-e-i，界限较明，时值较长；'岁'的发音表现为u-sei，即先作合口状，然后将声调包裹着的整个音节脱口而出，浑然一体，时值较短。"(李葆嘉，2001：16)
分析语	综合语	分析语言是指主要以语序和虚词等语法手段表现语法范畴的语言；综合语言是指主要以形态变化表现语法范畴的语言。(连淑能，2010)
语法隐含性	语法外显性	前者指语法关系没有明显的标记，后者则有。(刘宓庆，2006；潘文国，1997)
弹性语法	刚性语法	前者指语法关系的标记可有可无，而后者则必须有。(连淑能，2010；潘文国，1997)
意　合	形　合	前者指词语、语句之间的衔接没有明显的标记，而后者常有。(连淑能，2010；刘宓庆，2006；潘文国，1997)

---

[1] 其实质为认知方法对比研究，表现为语篇和语用的对比研究以及对交际能力的强调(杨自俭，1997)。

[2] 界限(boundary)：不同事物的分界。本书中包括语言结构形式的界限，如词和词组之间的界限，也包括认知的界限，如主体与客体之间、客体与客体之间的界限。

汉　语	英　语	解　释
语序相对固定	语序相对灵活	汉语一般遵循时间先后、逻辑先后、空间大小顺序来表达，因而语序相对固定；而英语有各种虚词和语法标记来标示时间、逻辑和空间，故语序更为灵活。(连淑能，2010；刘宓庆，2006)
话题突出	主语突出	汉语句子常常没有主语，但有话题，而英语则往往有主语。根据话题构建的汉语句子，往往没有英语句子那样的主语与谓语在人称、数等语法范畴上必须一致的要求。(Li & Thompson，1976)
复合构词为主	派生构词为主	汉语以复合为主要构词方式，而英语主要是派生构词。汉英构句方式也有类似的差异。(沈家煊，2006)
连续性语法	离散性语法	汉语语法结构往往没有明晰的界限，而英语的语法结构则有。(吕叔湘，1979)
名动包含	名动分立	汉语名词和动词是包含关系，名词包含动词，概念上"物"包含"事"；英语名词和动词是分立关系，概念上"物"和"事"分立。(沈家煊，2016)
重　复	替　换	汉语多使用名词重复形式，而英语多使用代词。(连淑能，2010；刘宓庆，2006；潘文国，1997)
语用语言	语法语言	语法是语言演化过程中语用适应的结果。(Leech，1983；刘丹青，1995；沈家煊，2012，2019)
虚实包含	虚实分立	虚词和实词在汉语里是包含关系，虚词包含在实词中，在实词中形成，脱离"实词虚化"的过程讲虚词也是说不清道不明；而虚词和实词在英语里是分立关系。(沈家煊，2017)
词汇化程度低	词汇化程度高	汉语的词汇化程度较低，而英语较高。(刘宓庆，1980；邵志洪，1996) 这使得汉语单字词和双字或多字词之间的界限不够清晰，而英语单词之间的界限非常清晰。
人　称	物　称	汉语多用有灵的人称作主语，而英语多用无灵的物称作主语。(连淑能，2010；刘宓庆，2006)
类　比	演　绎	汉语主要用"对言格式"(dui-speech format)，是对称性的，没有中心，不分主次，是类比式的；英语语法每个层次区分"主"和"从"，是演绎式的。(沈家煊，2019)
逻　辑	形　态	汉语语序遵循时序上的先后律、空间上的大小律、心理上的重轻律和事理上的因果律；但英语的逻辑性主要通过形态来表现，即通过词尾变化来实现，且从词到句都以形合为主，逻辑关系不必靠语序来强调(潘文国，1997)。
讲究对称和平衡感	讲究层次感	汉语讲究对称、追求平衡的行云流水感，少用虚词；英语多用虚词，形成主次更为分明的结构。(王建国，2022)
扩散型语段	聚集型语段	汉语句段呈散点式，长长短短，不讲究形式完整，但求意义连贯；而英语句子以动词的形式(形态)变化为主轴组织，语段中讲求句子形式的规范和意义的结合。(刘宓庆，2006)

二、表达法层次

第二个层次是意义表达层面的对比（见表2-2）。这个层面，我们提出的与刘宓庆的不完全相同，主要差异表现在我们这个层次只有意义表达方式的差异，不再有结构形式的差异，而按照刘宓庆传统的分类，这个层次还有篇章层面的结构形式差异。

表2-2　汉英表达法差异

汉　语	英　语	解　释
具　体	抽　象	汉语多用具体表达，而英语多用抽象表达。（连淑能，1993，2010；刘宓庆，2006）
直　接	间　接	汉语注重直接陈述法、明示陈述法；而英语倾向于注重间接陈述法、暗示陈述法，强调间接性。（连淑能，2010；刘宓庆，2006）
过　程	结　果	汉语语用上往往需要表达一个事件的过程，而英语则可能隐含过程而直接表达结果。（王建国和何自然，2014）
词语语义含量小	词语语义容量大	汉语的词义不如英语词义丰富。（刘宓庆，1980；邵志洪，1996）
主　动	被　动	汉语多用主动结构，英语多用被动结构。（连淑能，2010；刘宓庆，2006）
动　态	静　态	汉语多用动词，叙述呈动态；英语多用名词，叙述呈静态。（连淑能，2010；刘宓庆，2006）
物包含事	事和物两分	汉语不重视概念上"物"和"事"的区分，事就是抽象的物，"事物"也；英语区分"物"和"事"，如"物"用"no"来否定，"事"用"not"来否定，而汉语都可以用"没有"来否定。（沈家煊，2019）
汉语名词与动词都是无界的（unbounded）	英语名词与动词不都是无界的	受到文化经验所形成的不同范畴（categorization）的影响，汉语名词都是不可数的名词，只有加上量词才能冠上数量。英语的名词则分成可数和不可数。汉语没有真正单音节的完成动词。汉语的单音节动词没有时间的界限，就像汉语名词的不可数的特性，没有空间的界限。英语有大量的单音节完成动词，这些词往往与汉语动补式复合动词对应。汉语名词在空间向度上是无界的，动词在时间向度上是无界的。（戴浩一，2007）
时序表述	超前式表述	汉语一般需要遵循时序律；但英语可以打破时序，把前后时序颠倒来表述。（刘宓庆，2006：235）

三、思维方式层次

第三个层次是认知层（见表2-3），主要是语言心理、语言文化和思维方式的对比，适用的是对人类语言差异的根本探索，也就是完成从洪堡特、沃尔夫到赵元任、吕叔湘提出的对比研究的最终和最高目标（潘文国，2019）。

表2-3　汉英思维方式差异

汉　语	英　语	解　　释
伦理型	认知型	以儒家为代表的先哲对世界的认识主要不是出于对自然奥秘的好奇，而是出于对现实社会政治和伦理道德的关注；而西方智者们探寻宇宙起源。(连淑能,2002)
主客不分	主客两分	汉语母语者的主体意识和客体意识往往交织在一起，而英语母语者则把两者分开。(连淑能,2002;潘文国,1997;刘宓庆,2006)
意象性	实证性	汉语母语者通过形象思维并经过自我体认形成心中的意象，采用意象—联想—想象，以形象地反映客观事物；英语母语者通过概念—判断—推理的逻辑论证，在理性推演中认识事物的性质和联系。(连淑能,2002)
归　纳	演　绎	中国传统思维方式注重直观经验，习惯于直觉体悟，从主体意向出发对实践经验和内心体悟加以总结、归纳，成为"圣言式"或"格言体"的模糊概念与范畴；西方思维方式一直注重形式逻辑，擅长演绎法，近代又重视归纳法，两者结合，推动了西方科学的发展。(连淑能,2010)
意向性	对向性	中国传统思维用主体的修养代替对客体的认识，自身内心体验是一切认识的出发点；西方将自然作为自身之外的对象来研究。(连淑能,2002)
内向型	外向型	中国传统思维注重内向自求，外向型思维使西方人富于全球观念和宇宙意识。(连淑能,2002)
后　馈	超　前	汉语母语者传统思维方式具有唯圣、唯书、唯上的后馈性(注重回顾历史和传统)特征；西方人的思维视野不受地域限制，注重全球乃至太空，同时也注重现在和未来。(连淑能,2002)
直觉性	逻辑性	中国传统思维注重实践经验，注重整体思考，因而借助直觉体悟，即通过知觉从总体上模糊而直接地把握认识对象的内在本质和规律；西方思维传统注重科学、理性，重视分析、实证，因而必然借助逻辑，在论证、推演中认识事物的本质和规律。(连淑能,2002)
悟性思维	理性思维	悟性思维借助形象，运用直觉、灵感、联想、想象等思维形式，把感性材料组织起来，使之构成有条理的知识，具有直觉性、形象性、主观性、整体性、模糊性、偶然性、或然性等特征；理性思维借助逻辑，运用概念、判断、推理等思维形式，探索、揭示事物的本质和内在联系，具有逻辑性、抽象性、客观性、分析性、确定性、普遍性、必然性等特征。(连淑能,2010)
汉人重心	西人重智	汉语母语者讲究用"心"感悟外在的客观世界(孙隆基,2004)，英语母语者讲究用"脑"即智慧去探究外在的客观世界。(康有为,转引自马洪林,1994)
空间意识	时间意识	汉语的空间意识更强，英语的时间意识更强。(王文斌,2013)
生命审美	宇宙审美	中国人固然也观照宇宙、太虚、太空，然而观照的方法和西方大有不同。西方人向宇宙作无限的追求，而中国人要从无穷世界返回到万物，返回到自我，返回到自己的"宇"。(宗白华,2015)
模　糊	精　确	现代中国思维虽然吸收了西方思维的精确性，但仍有古代模糊思维的特征。(连淑能,2002)

续　表

汉　语	英　语	解　　释
求同性	求异性	求同性思维,要求社会和个人的信仰和观念一元化、一体化、同步化;求异性思维形成个体主义,敢于挑战甚至否定前人、别人、智者、权威的名言、结论,思维方式趋于多元化,有利于发挥创造精神。(连淑能,2002)
整体性	分析性	整体性思维把天、地、人和自然、社会、人生放在关系网中,从整体上综合考察其有机联系,注重结构、功能,注重用辩证的方法去认识多样性的和谐和对立面的统一;分析性思维明确区分主体与客体、人与自然、精神与物质、思维与存在、灵魂与肉体、现象与本质,并把两者分离、对立起来,分别对这个二元世界作深入的分析研究。(连淑能,2002)
平面审美	立体审美	汉语结构的层次感弱,平面感强,而英语结构的层次感强,立体感强。(王建国,2019b)
有	是	对中国人来说,"有"还是"无",是首要问题;对西方人来说,"to be"还是"not to be"是首要问题。"有"观是动态的"变在"观,"being"观是静态的"恒在"观。(沈家煊,2019)
甲乙包含范畴观	甲乙分立范畴观	"分立"的界限更强,"包含"的更弱。(沈家煊,2017)

　　这三个层次中,有些差异的归类并没有绝对的界限。如主动和被动,汉英语言表层结构中很容易看出这种差异,但主动和被动也是一种意义的区分。再如,汉语重过程而英语重结果,这是汉英语用差异(王建国和何自然,2014),即是语用意义表达法的差异;也是思维方式层面的差异(何自然,2015)。

　　必须指出,传统上一些汉英差异是存疑的。例如:汉语空间意识强而英语时间意识强。这个差异表述,不是很严谨。实际上,英语母语者的时间意识和空间意识都比较强,而说汉语母语者空间意识强,只是相对汉语母语者自己的时间意识而言,即其空间意识更强而时间意识更弱。英语依靠时、体标记形式来清晰标记时间,并做到全文照应。而汉语母语者正是有相对较弱的时间意识,从而导致许多汉语母语者在汉英翻译中时、体难以做到全文照应。英语的空间意识表现在:主次结构分明,有较强的立体感,而汉语的空间由于缺乏主次层次,表现出平面感。英语母语者空间意识强,可以从各种艺术表现形式上观察出来,如建筑、音乐、绘画等。王建国(2019b)通过翻译案例分析,也在一定程度上证明了汉语母语译者在空间的连续性和主次分布上,其意识要比英语母语译者弱。

　　另外,一些汉英差异认识,本身并没有什么疑问,但对其做出的比喻性说法,是不够精确的。例如:

　　(1)英语是树式结构而汉语是竹式结构(潘文国,1997;连淑能,2010;刘宓庆,2006)。这主要是说明:英语句子有一个基本的主干,其他相关的成分(枝丫)通过各种连接手段黏附在这个主干上,环环相扣,盘根错节,句中有句。汉语中,以中短句居多,常用散句、松句、紧缩句、省略句、流水句、并列句。

英语为树式结构和汉语为竹式结构的比喻性说法并不准确。首先,竹竿反映不了汉语有头重趋势,竹子可以,但竹子也有枝丫,也像树。而且,汉语小句排列并不如竹竿上的竹节排列那样平整。其次,树要倒着,才能反映英语尾重,否则看起来是头重。(如图2-1所示)

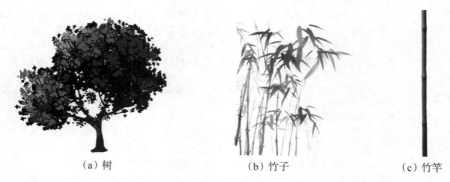

（a）树　　　　　　　　（b）竹子　　　　　　　　（c）竹竿

图2-1　树、竹子和竹竿的形态对比

与此类似的还有汉语是竹竿型语言而英语是葡萄型语言,汉语是倒三角而英语是正三角(王寅,1990)。这两个比喻式说法,同样不够准确。

（2）汉语是狮子型而英语是孔雀型(Right-extending and Left-extending)(潘文国,1997;连淑能,2010;刘宓庆,2006)。这主要是来说明,英语句子呈句首封闭、句尾开放的特征,句子可顺线性向后扩展延伸。另一方面,英语句子信息重心一般在句末,即"末端重心"原则。汉语句子呈现句首开放、句尾收缩的特征。句子的逆线性使向前延伸长度和程度受到限制,句子显得简短。我们并不否认这些观点,但这个比喻式的对比有些问题:首先,只有雄性狮子看起来头部毛多;其次,孔雀开屏才能显示尾巴羽毛多。

第二节　一个基本差异和一个显著差异

王建国和何自然(2014)发现,平卡姆(Pinkham)(2000)修改汉语母语者的译文或英语写作时往往没有保留与汉语句子中表过程意义相对应的英语词汇,而是只表述了原文中或由原文推导出的表示事件结果的意义。

▎例2-1

（1）原文:

我们的工作取得了进步。[①]

---

① 平卡姆(2000)的例证都来源于汉语母语者的英语译文或写作,但她并没有标出每个例证的精确来源,也没有给可能是译文的例证提供汉语原文。因此,我们无法知晓她所给例证的汉语原文。本书所提供的汉语"原文"实为编者根据英语回译而来的。

参考译文：

(a) *We have made an <u>improvement</u> in our work.[①]

(b) We have <u>improved</u> our work.

(2) 原文：

他们必须下决心<u>落实</u>当前制度的<u>改革</u>。

参考译文：

(a) *They must make up their minds to <u>implement the reform</u> of the current system.

(b) They must make up their minds to <u>reform</u> the current system.

(3) 原文：

我们<u>采取</u>了<u>撤退的战略</u>。

参考译文：

(a) *We <u>adopted the policy of withdrawal</u>.

(b) We <u>withdrew</u>.（平卡姆,2000）

由此,他们指出了汉英语用差异原则:"汉语语用重过程,英语语用重结果。"

之后,何自然(2015)进一步指出这种差异是"思维模式和概念结构"的差异。并认为,"在语用上,汉语表达呈伸展型,即细述每个具体的动作,而英语则是浓缩型,即着重表明行为最终显示的状态或直接导致的结果。"

所谓"过程",就是人们对一定事物或事件做出物理和心理感知行为的一个或多个程序,具有连续性、动态的特征。所谓"结果",就是在一定阶段,人们对事物或事件做出物理和心理感知行为后达到的最后状态,具有阶段性、静态的特征。所谓"过程取向",就是站在感知过程的角度去感知事物或事件,突出感知过程中的程序。所谓"结果取向"就是站在感知过程的结果状态的角度去感知事物或事件,突出感知过程中的结果。(王建国,2016)

过程取向和结果取向是将汉英两种语言相互对照而提出的一对概念,是基于两种语言对同一个事物或事件做出感知而表现出的群体思维取向。过程相对结果而言,是扩展的;结果相对过程而言,是压缩的。因而,结果取向是"压缩一个事物认识或事件发展过程而突出过程发展的结果"的取向,过程取向是"把对一个事物或事件发展的感知结果扩展开从而突出达致该结果的过程"的取向。回过头来看,平卡姆对我国专家译文或写作的修改实际上反映了以汉语为母语的英语使用者会突出一个事件中的过程,而以英语为母语的译者却往往会压缩事件中的发展过程,突出感知过程的结果。(王建国,2016)

---

① 全书译文前出现的"*"意指该译文的接受性低或不准确。

众多研究进一步论证并发展了这个观点,如王建国(2019,2022,2023)、王建国和谢飞(2020)、姚斌和冯爱苏(2020)、孙会军(2021)、张顺生(2021)、鲍川运(2021,2022a,2022b,2022c,2022d)、王建国和戴婧暄(2023)。例如:

例2-2

原文:

樱桃好吃树难<u>栽</u>。

参考译文:

(a) *Cherries are delicious, but the trees are difficult to <u>plant</u>.

(b) Cherries are delicious, but the trees are difficult to <u>grow</u>.(鲍川运,2022a)

例2-3

原文:

Ellen O'Hara was thirty-two years old, and, according to the standards of her day, she was a middle-aged woman, one who had borne six children and <u>buried three</u>.

参考译文:

(a) *爱伦·奥哈拉现年32岁,依当时的标准已是个中年妇人,她生有六个孩子,但<u>埋了其中三个</u>。

(b) 爱伦·奥哈拉现年32岁,依当时的标准已是个中年妇人,她生有六个孩子,但<u>其中三个已经夭折</u>。(黄怀仁和朱攸若译)

例2-2是汉英翻译。译文(a)中plant对译为"栽",表过程,说的是事件的前端,译文不可接受,因为"栽树不难";译文(b)中grow表结果,说的是事件后端,说清楚了樱桃树难养,符合事理(鲍川运,2022a)。

例2-3是英汉翻译。翻译该例时要把字面意义推后一步,即更往过程方向靠,就可以获得接受度高的译文(b)。

另外,王建国(2019b:84-90)选取《红楼梦》的杨译和霍译两个译本的回目翻译,观察了汉语母语者主译的和英语母语者主译的翻译之间的差异,霍译更重结果,杨译更重过程。同时,王建国(2019a)指出,过程相对结果是扩展的,结果相对过程是压缩的,因而汉英翻译的策略是压缩,从而几乎全部解释了《中式英语之鉴》中所有汉语母语者所犯的英语表达或翻译错误。这些都很好地佐证了"汉语语用重过程,英语语用重结果"的观点。刘爱军(2020)认为,这个观点的提出是当前母语影响翻译研究领域里的最大贡献。

　　下文我们收集了47条主要汉英差异成果,见表2-4和表2-5,发现这些差异特征在某种程度上来说,与汉语重过程、英语重结果的特征具有一致性。

　　我们认为,过程和结果之间至少具有两个相互参照的认知语义特点:

　　(1)"过程"是连续的,其界限性弱;"结果"是离散的,其界限性强。

　　(2)"过程"在先,"结果"在后。

　　传统上有大量的汉英对比研究成果,下文将根据汉英对比研究主要成果的特点,找出汉英差异的基本特点。

一、汉英界限的"弱"与"强"

　　参照"过程"与"结果"的差异,根据汉语重过程而英语重结果的判断,我们发现传统上大量的汉英对比研究结论支持此观点:汉语(人)的界限性弱,英语(人)的界限性强(见表2-4)。

表2-4　汉英界限"弱"与"强"对比

汉　语	英　语	备　　注
音节论	音素论	"英语的sway(摇摆)与汉语的suei(岁),国际音标同为[suei],但在实际发音过程中,sway的发音表现为s-u-e-i,界限较明,时值较长;'岁'的发音表现为u-sei,即先作合口状,然后将声调包裹着的整个音节脱口而出,浑然一体,时值较短。"(李葆嘉,2001)
分析语	综合语	
语法隐含性	语法外显性	
逻辑	形态	英语有更多稳定的语法范畴的界限标记
弹性语法	刚性语法	
意　合	形　合	
直　接	间　接	英语重间接在于:表达形式多样,功能多样,尤其是表达了多样的社会功能。这说明英语分类更清晰,界限更分明
复合构词为主	派生构词为主	派生构词的主次界限更明显
语序相对固定	语序相对灵活	语序灵活,必须有稳定的界限和界限标记,才能更好避免误解。若无或少,则语序需要更加稳定,如遵循时序表达
扩散型语段	聚集型语段	前者产生界限性弱的平面感,后者产生界限性强的层次感
话题突出	主语突出	话题构成界限性弱、平面感强的话题链,主语构成主谓结构为核心、层次感和界限性强的句子

续　表

汉　语	英　语	备　　注
甲乙包含范畴观	甲乙分立范畴观	
汉语名词与动词都是无界的	英语名词与动词不都是无界的	
整体思维	个体思维	
模　糊	精　确	
求同性	求异性	
整体性	分析性	
平面审美	立体审美	
名动包含	名动分立	
虚实包含	虚实分立	
物包含事	事和物两分	
连续性语法	离散性语法	
主客不分	主客两分	
伦理型	认知型	汉语(使用者)的界限意识更有主客不分的特征,从而导致这些差异
意象性	实证性	
意向性	对向性	
内向型	外向型	
动　态	静　态	静态的事物,界限性强
有	是	"有"观是动态的,"是"观是静态的。因而解释同上一条
类　比	演　绎	演绎式有主次,类比式讲究对称,主次不清晰
时序表述	超前式表述	因为英语的时序标记多,英语可先说事件的后期内容
讲究对称和平衡感	讲究层次感	对称和平衡感不如层次感有更强的界限性

简而言之,语言结构方面,汉语的词和词组不太容易区分,汉语句子不容易断句,造成句子与句子之间的界限不清晰;汉语的段落分段也较为随意。相反,英语词和词组不易混淆,句子之间、段落之间的界限清晰,等等。

意义表达法方面,汉语事与物不分,英语事物两分;汉语重过程,英语重结果;等等。

思维方式方面,汉语主客不分,英语则主客两分,等等。

二、汉英认知语义的"先"与"后"

同样,参照"过程"与"结果"的差异,根据汉语重过程而英语重结果的观点,我们发现传统上大量的汉英对比研究结论支持此观点:汉语(人)的认知或意义表达往往在认知过程或事件表达的前一个阶段,而英语(人)在后一个阶段。

事实上,西方民族更有超意识,即注重未来和创新,汉民族更有后馈意识,即注重历史和传统(连淑能,2002)。这个观点已经很大程度上呼应了我们的发现。

表2-5 汉英认知发展或语义的"先"与"后"

汉 语	英 语	备 注
语用语言	语法语言	
人称	物称	
主动	被动	
重复	替换	
词汇化程度低	词汇化程度高	
语义含量小	语义容量大	
过程	结果	汉语(人)的表现,在认知发展阶段是英语(人)认知发展阶段的前一个阶段。例如,心理学家皮亚杰指出人的认知发展有四个阶段,第三阶段人对世界的理解是具象的,第四阶段即12岁左右才能更好地抽象思维
重归纳	重演绎	
具体	抽象	
后馈	超前	
直觉性	逻辑性	
悟性意识	理性意识	
汉人重心	西人重智	
空间意识	时间意识	
生命审美	宇宙审美	

简而言之,语言表层结构方面,汉语的语法化程度低,语用性强,英语的语法化程度高,先有语用后有语法,等等。

意义表达法方面,汉语表达习惯往往在认知发展阶段的前一个阶段,而英语表达习惯在后一个阶段,等等。

思维方式方面,汉语的思维习惯表现出的方式往往在认知发展阶段的前一个阶段,而英语的思维习惯在后一个阶段,等等。

根据表2-4和表2-5中的47条汉英差异,我们可得知一条汉英基本差异和一条显著差异:

基本差异:界限性(意识)上,汉语(人)更弱,英语(人)更强。

显著差异:汉语(人)的回顾意识强,英语(人)的前瞻意识强[①],即相比而言,汉语使用者采取的思维方式和语言表达习惯,往往在认知发展阶段的前一个阶段,而英语的思维习惯在后一个阶段。这两种习惯差异,体现在各自的语言表层结构上。但这并不表示英语(人)的回顾意识弱。从英语构句和篇章层面上来看,英语使用大量的替代,这显然需要很强的回顾意识。这也不表示汉语(人)没有前瞻意识。如汉语使用大量的有灵或生命度高的(animate)话题,这有利于形成不断对同一个话题进行说明的话题链,提高汉语表达的流畅性。

区别就在于,两者都受到第一条即界限强弱的约束:英语的回顾意识是有界限性的,其替代方式有严格的数、性、时态要求;而汉语的前瞻意识是界限不够强的,其话题引导的多个小句连续性强,主次层次常不够清晰。这也是把界限意识强弱的差异看作是基本差异,而前瞻和回顾意识差异看作是显著差异的原因。当然,这样做还有两个原因:

(1)前瞻和回顾意识差异的一些具体表现,要么明显具有界限性强弱差异的特点,如汉语重过程,英语重结果,过程的界限性弱,而结果的界限性强;要么可以通过论证得出其有界限性强弱差异的特点,如汉语是语用语言,英语是语法语言,语用语言更讲原则,语法语言更讲规则,规则比原则的界限性更强。

(2)从翻译的角度来看,汉语母语者的译文往往不如英语母语者的译文更有前瞻性特征(王建国,2019b,2020,2023)。

第三节　小　结

汉英对比研究有非常多的成果,本章并没有概括完,也很难完全归纳。但我们在归纳过程中,并没有故意排除任何可能影响我们结论的成果,相反,我们对一些成果提出了一些改善建议。

[①] 本书中不使用连淑能的"后馈意识"和"超前意识"的说法。连淑能的说法主要强调中西思维方式的特征及其差异。本书使用"回顾意识"和"前瞻意识",强调汉语与英语相比,汉语在语言对比的三个层面都反映了回顾意识,而英语都反映了前瞻意识。

思考题

1. 传统上有许多汉英对比研究的成果，为何有些成果应用到翻译实践中有些启发，而有些启发甚微？具体谈谈汉语为意合、英语为形合对汉英翻译和英汉翻译有何启示，重点讨论启示的局限在哪。

2. 除了本章列出的汉英差异成果之外，举例说明还有哪些成果可能对汉英互译实践有较大的启示作用。

3. 为何我们把刘宓庆的表现法层面修改为意义表达法层面？举例说明某具体的意义表达法差异给你的汉英互译实践带来的启示。

第三章

翻译的共性：汉英互译为例

只要不是脱离原文的创作，通常，"翻译是翻译意义"（Nida, 1982; Newmark, 1982）。因而探讨翻译的共性最好从意义转换出发，而非形式转换。

第一节　原文字面意义与译文字面意义

若原文的字面意义为n，译文的字面意义有三种可能：n、n−1和n＋1。若译文的字面意义为n，则视为对应翻译，若倾向于n＋1则视为前瞻性译文，若倾向于n−1则视为回顾性译文。如图3−1所示：

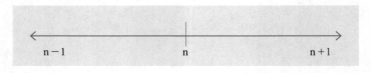

图3−1　译文字面意义与原文意义三种可能的关系

若进行多个译文与原文比较或者多个译文之间互相比较，则可能产生图3−2所示的现象：

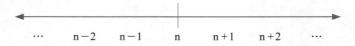

图3-2　多个译文与原文比较或者多个译文之间可能的意义关系

一、n、n＋1和n−1的译法

n＋1和n−1是指原文的字面意义n发生变化。n＋1的翻译中，原文的字面意义n为译文字面意义n＋1的前提。n−1的翻译中，译文的字面意义n−1为原文的字面意义n的前提。例如：

▍例3−1

原文：

　　您先走。(n)

参考译文：

　　After you. (n + 1)

▌例3-2

原文：

　　After you. (n)

参考译文：

　　您先走。(n－1)

由于人类共同的认知经历和能力，有相当一部分原文的译文意义是n，即大体与原文的意义是对应的。例如："I am a teacher." 和 "我是老师。"

n的方法，所表现的技巧就是对应。我们认为只要原文和译文中的每个实词都有明确的对应词，就是对应翻译。若任何两种语言相对而言，都有界限强弱之分的话，那么对应翻译可分为两类：界限性强转换为界限性弱的（如英汉翻译），为扩展对应，反之为压缩对应（如汉英翻译）。英语的名词有单复数，动词有时体标记，形容词有原级、比较级和最高级标记，而汉语常常缺乏标记，因而往往会带来更多的想象或理解空间。由此，英汉翻译往往是扩展对应，即扩展想象和理解空间，而汉英翻译是压缩对应，即压缩想象和理解空间。

换言之，严格来讲，就没有完全对应的技巧。即使是音译也不是严格的对应翻译。如"Coca-Cola"音译为"可口可乐"似乎较为充分地保留了原词的语音，然而严格来说并非如此，因为"Coca-Cola"有轻重音，而汉语"可口可乐"轻重音难判。另外，从另一个角度来看，可口可乐的品牌之所以受欢迎以及译法之所以得到译界人士的充分肯定，正是因为该名符合了中国人的文化心理，并非简单地与音译有着直接的关联，毕竟音译可以有很多选择，如"苛刻科勒"等。再者，从意义上而言，"Coca"和"Cola"分别是名叫"古柯"和"可乐"的植物，由于"可口可乐"指的是一种饮料，原词的任何意义都没有得到保留，因而，也必然不是对应翻译。而且，我们认为，这种形容词性的专有名词能够保留下来，显然与其长时间的大量广告投入有关。同时，也与选词反映了饮料的特点以及质量尚可存在关联，并吻合汉人的"乐感文化"（李泽厚，2009）。

我们再看一个所谓移译（直接照搬原文）的例证：DIY图书的新特点（邱懋如，2001）。这里的DIY（do it yourself）若在这句话之前或之后都没有解释，恐怕很难会意。即使有，DIY的使用也受到了汉语语法的约束。英语由于其界限性强，标记性强，若为形容词，表示一种状态，会加 "be"；若为名词，则表示事物，也会加 "be"，甚至还有冠词；若为动词，则会加时态标记。而汉语没有这些标记，所以DIY可在"许多人开始感受着DIY带来的快乐""我今天DIY了""DIY图书的新特点"（邱懋如，2001）话语中分别当作名词、动词和形容词结构使用。

从这里我们可以看出，汉语连续性的扩展特征，始终会影响译文的选择。同时，也说明邱懋如（2001）认定的音译和移译都不是零翻译。

　　因而，对应翻译只是粗略来讲，是粗略意义上的常见方法。这主要是因为汉语民族和英语民族对一些事物大体上有共同认知。换言之，当两个民族对某种事物认知相似时，就需要使用n对应方法。例如：

▎例3-3

原文：

　　他是工人。

参考译文：

　　He is a worker.

例3-3中原文实词"他""是""工人"在译文中都有对应。当然，这个例证不是严格的对应翻译，这可以根据沈家煊（2019）最近的观点来判定：他认为汉语构句是对言式的，而英语是演绎式的。换言之，怎么译都改变了构句方式及其背后的思维方式。

　　然而，也有相当一部分的译文字面意义与原文字面意义n是不能对应的，否则，译文无法被接受或者会产生意料之外的效果。例如：

▎例3-4

原文：

　　中国的改革进入了深水区。

参考译文：

（a）*China's reform enters a deep-water zone.

（b）China's reform is crossing the deep-water zone.

（c）China's reform is in the difficult phase.

译文（a）表达的意象是中国改革必死无疑，译文（b）有所改善，但英国人还是认为deep water的意象就是十分危险，难以成功，因而采用译文（c）（黄友义，2022）。译文（b）和（c）都表现出前瞻意识，都是n＋1，c更强。

　　例3-4反映的是译文字面意义不能与原文一致，也反映了若译文字面意义与原文不一致，能有多种n＋1或n－1表达方式。这与译文字面意义与原文一致时也可能有多种n表达方式是一致的。

有些原文还可能用 n + 1 或 n − 1 或 n 译文来表达。例如：

▎例 3-5

原文：

He was a soldier twenty years ago.

参考译文：

（a）他二十年前是个军人。（n）

（b）他二十年前当过兵。（n − 1）

（c）他二十年前参过军。（n − 1）

▎例 3-6

原文：

我出去一会儿。（语境：开会时接到电话）

参考译文：

(a) *I will be out for a while. (n)

(b) I will be right back. (n + 1)

例 3-5 说明原文的译文字面意义可以有两种或两种以上的 n 和 n − 1 表现形式。但也不是所有原文的译文字面意义都可以有两种或两种以上的表现形式，即原文与译文的字面意义对应或不对应都可以是能接受的译文，如例 3-6。

二、策略、方法、技巧

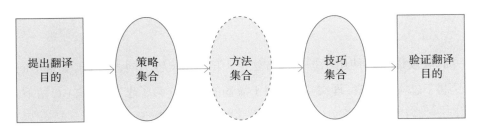

图 3-3　翻译事件图

翻译行为指从开始处理原文到完成译文的行为过程，翻译事件（event）指翻译活动从发起到结束的过程；事件包括行为（Chesterman, 2013）。翻译事件是由翻译目的推动的，翻译目的是实现某种翻译价值，获得某种翻译效果，并采取某种策略，发起某种翻译行为。

策略存在于具体翻译事件之中，作用于方法，并使得方法在具体翻译行为中实现为技巧,从而实现具体翻译事件所需要的价值和效果。方法可能是个集合,包含了多种解决双语差异引起的问题的方法,由双语差异推导而来。由于双语差异是稳定的,因而方法是稳定的,也是相对抽象的。但策略负载了具体翻译目的,技巧在上下文语境中实现,所以策略和技巧都是语用的。

根据汉英基本差异——界限性(意识)上,汉语(人)更弱,英语更强,以及显著差异——汉语(人)的回顾意识强,英语(人)的前瞻意识强,我们推导出汉英翻译的方法是压缩,而英汉翻译的方法是扩展。在具体翻译事件中译者有具体的目的,选择具体的策略,作用于方法而实现为翻译技巧。

压缩方法就是加强对事物或事件感知的界限感,缩小对事物或事件认知的理解空间,避免不确定性。扩展方法就是减少对事物或事件感知的界限感,扩大对事物或事件认知的理解空间,不确定性有增强的趋势。

策略是为了实现某种价值、达到某种目的,技巧是基于实现目的和价值的手段,依赖语境。若语境不会复现,策略和技巧就不会复现,但汉英差异导致的翻译方法是稳定的,是不断复现的。如英汉翻译的趋势是扩展,是不可选择的。但怎样扩展,往往会有诸多选择,最后的选择受制于翻译目的及由此衍生的策略,最后的落实则由技巧实现。

▎例3-7

原文:

In my younger and more vulnerable years my father gave me some advice that I've been turning over in my mind ever since. (F. Scott Fitzgerald: *The Great Gatsby*)

参考译文:

（a）我年纪还轻,阅历不深的时候,我父亲教导过我一句话,我至今还念念不忘。(李继宏译)

（b）那时,我还年轻,阅历不够,父亲跟我说过一句话,至今还萦绕耳畔。

例3-7的两段译文都使用了扩展的方法,但策略和技巧不同,呈现出效果不同的译文。译文（a）受制于忠实的策略,译文（b）受制于流畅的策略。为了忠实,译文（a）留下了更多的界限及其标记。为了流畅,译文（b）消除了更多的界限及其标记。

再如,"中国梦"的英译备选有"Chinese Dream"和"China Dream",但最后选择为"Chinese Dream",是因为我们从政治上考量:中国梦是中国人民的梦想,即译文的选择考虑了政治目的,采用了符合中国政治要求的策略,也符合汉英翻译的压缩方法,避免不确定性。下例中,两个"中国梦"的所指不一样,需要采用分类的技巧,这样既符合翻译策略也符合翻译方法:

▌例3-8

原文：

西方人说的"中国梦"不是我们说的"中国梦"。

参考译文：

Westerners use China Dream instead of Chinese Dream we refer to.

为了彰显翻译策略对翻译方法的作用以及对翻译技巧选择的影响，下文用两个似乎有悖于翻译方法的案例来说明策略、方法和技巧之间的关系。例如，"可口可乐"的英译通常就是"Coca-Cola"，没有其他选择。但是，若因某种特殊目的，可能出现以下翻译现象：

▌例3-9

原文：

我喝了一瓶可口可乐。

参考译文：

I had some drink.

例3-9中的译文若不是翻译错误，就是受到了某种翻译目的及对应策略的约束，如不想告诉受众喝了什么饮料从而采取了模糊的策略，等等。这时译者采用了扩展想象空间的模糊技巧，有悖于汉英翻译压缩方法需要避免不确定性的取向。然而，技巧有悖于方法往往会取得意料之外的价值和效果，如例3-9就产生了把喝了什么饮料当作秘密的效果。

▌例3-10

原文：

（金老）见没人，便对鲁达道……——第三回（施耐庵：《水浒传》）

参考译文：

He looked to see that no one else was around.（沙博理译）

例3-10中，原文"见"为结果词，而译文出现了"looked"这个过程词，并作谓语，成为句子焦点和信息焦点，强化了这个过程，生动地表现了金老鬼鬼祟祟的行为。尽管"looked to see"仍然符合压缩方法，使用了代词、时态和不定式标记，表示层次和界限标记，但这里显化"looked"的过程有悖于汉英翻译中英语表达有结果取向的前瞻性压缩方法，产生了额外的语用含意。

第二节　翻译中语言操作的主要制约因素

翻译事件中存在语言操作和语言操纵。前者是一般的翻译行为中发生的,涉及到针对两种语言差异和翻译方向的方法和技巧,后者指译者添加或删减原文中不存在的内容。我们所说的压缩和扩展是针对语言操作的。影响语言操纵的因素,往往是由翻译目的决定的,受到意识形态,包括伦理道德、法律,以及出版机构的影响(参见本章第三节)。这些因素也可能间接影响语言操作。此处,我们主要探讨影响语言操作的因素。

汉英翻译的压缩和英汉翻译的扩展是汉英差异导致的,如语言、文化和思维方式的差异。例如,汉语因为使用汉字,天然形成了以复合构词为主的构词法,从而也形成了以复合构句为主的构句法(沈家煊,2006)。且其复合词并不等同于英语的复合词。例如,"结婚"并不是无缝衔接,可以说成"结什么婚",而英语的复合词classroom是无法在其中间插入任何成分的。这说明最主要的复合构词,汉语都比英语更加具有扩展性。

汉语复合构词和构句的特点,就在于其连续性强、界限性弱,而英语派生构词与主从构句都有主次分明的特点,这使得汉英翻译必然走向压缩,英汉翻译必然走向扩展。

汉语的扩展是相对于英语而言的,英汉翻译无论如何翻译都改变不了汉语本身就是相对扩展的事实;同样,汉英翻译无论如何翻译都改变不了英语本身是相对压缩的事实。因而,采用扩展或压缩的翻译方法不仅仅是主动行为,还是被动行为。英汉翻译中不论使用什么汉字,即使使用所谓的零翻译(照抄原文),依然可以看到汉语连续性强、界限性弱的扩展特征制约着翻译。

然而,汉英翻译的压缩度和英汉翻译的扩展度则受到语境的制约,如具体翻译事件的语境中的具体的翻译目的、翻译策略、译者、文体特征(参见第六章)、受众等。

一、译者个性因素

译者个性因素包括其人格、教育背景、语言能力、信仰及其所处的社会、政治和经济环境,甚至包括其自然性别(王建国,2005)。译者个性显然影响汉英翻译的压缩方式和压缩度,但较难做到精准判断。

《边城》的四个英译本,就译者因素而言,各有特色。金介甫(Jeffrey C. Kinkley,2014)指出,金隄和白英(Robert Payne)的合译本是四个译本中最没有刻意去再现中国所有文化特质的译本,也是最精练、最有文学味的译本,而这些优雅具有文学味的语言一定是来自白英高超的英语母语功底。金介甫(2014)还指出,在项美丽(Emily Hann)和辛墨雷的合译本中,尽管第一译者项美丽是英语母语译者,但可能汉语水平并不高,其对译本的修改很大程度上受到第二译者辛墨雷(汉语母语译者)所给出的初译的限制,造成该译本语序和用词过度对应原文。金介甫的观点还暗示了金隄合译本的第一译者尽管是汉语母语者,项美丽合译本的第一译者尽管是英语母语者，但两个译本的第一译者和第二译者在译文形成过程中所起的作用有很大差异。金隄合译本中的优雅和文学性来自第二译者白英高超的英语功底，项美丽合译本中对汉语的亦步亦趋源自第二译者辛墨雷的初译。王建国和谢飞（2020）认为，金介甫的上述观点很大程度上还解释了，为何项美丽合译本更容易受到汉语语用取向的影响，压缩度更低，而金隄合译本表现出的语用特征与金介甫更为接近，压缩度稍高（参见第四章第四节）。

二、受众因素

受众因素，是指译者需要考虑受众的接受语境以及给受众带来的效果。受众的百科知识、逻辑知识、对所译文本的效果期待等都是受众的接受语境。如一些译者需要考虑受众是儿童，还是成年人；是专业人士，还是非专业人士；是否有特殊要求；等等。这都是译者受到受众影响的表现，也会直接影响到翻译技巧的选择。

▍例3-11

原文：

激光束是由光相干辐射高强度散发所致的散频。

参考译文：

(a) Laser beams are discrete frequencies of highly amplified emission of coherent radiations of light.

(b) Laser beams are separate, but closely related, emissions of light rays greatly increased in strength.（葛传椝，1980）

很明显译文（a）为专业人员而译，压缩度更高，如用词更加术语化，更具有排他性；译文（b）则专业化较低，易于为普通受众接受。

三、作者因素

葛浩文翻译莫言的《天堂蒜薹之歌》时，将译文交给美国的出版社后，出版社编辑对小说的最后一章非常不满。葛浩文赶紧与莫言商量，告知莫言美国人无法接受这些内容。两星期后，莫言竟然重写了最后一章内容。

葛浩文还讲述过他翻译《狼图腾》时与作者姜戎产生的一个分歧：

▍例3-12

原文：

熊可牵，虎可牵，狮可牵，大象也可牵。蒙古草原狼不可牵。（姜戎：《狼图腾》）

参考译文：

You can tame a bear, a tiger, a lion, and an elephant, but you cannot tame a Mongolian wolf.（葛浩文译）

姜戎认为应该用"pull"（表示"拉，拽，牵"）来翻译"牵"，"tame"这个词还不够有力，无法表达狼的犟。就此，葛浩文认为，用"pull"会把一个严肃的场景变成了一个滑稽的画面，"tame"可以很清晰地传递作者所要传递的狼性。当然，最终他们谁也没能说服谁，也没有影响到最终的译文。

再如，米兰·昆德拉对已经出版的一些译文作出了严厉的批评，认为一些译文抹杀了其原文风格。虽然这些批评无法改变译本，但却可能影响译本的再版以及之后译者的翻译技巧的选择（转引自朱志瑜，2009）。

第三节　不忠实的翻译类型

不忠实的翻译，源于语言操作和语言操纵。但不管如何，对于是否忠实需要有判断依据。传统上，不少研究因为对汉英差异不够了解，对是否忠实往往做出较为主观的判断，尤其是对原文意义流失与放弃原文意义没有感觉，只参考形式是否被保留，不观察意义是否被隐含。葛浩文经常被批评其译文删改严重，对此他感到非常委屈（葛浩文，2014）。我们认为，若是多了解些汉英差异，能识别汉英差异所导致的翻译现象，或许对他的批评会少些。

本节主要依据我们对汉英差异的认识，结合本章第二节提到的制约因素，简单介绍各种不忠实现象。

我们认为，不忠实的翻译类型包括流失、放弃、误译、漏译、删除和添加等。误译包括译者的无意失误，或无能为力而犯的错误。不过，这两者很难区分。漏译是译者遗忘原文某些内容的行为，并非有意地删除。

删除是受到某种目的的驱动、译者主动不翻译原文本某些内容的行为。主动删除是一种语用行为，是因为具体语境中译者本人价值观或者外界可见或不可见的受众对翻译行为产生影响从而实施的行为。葛浩文在翻译莫言的《丰乳肥臀》时指出，译者就像编辑一样，首要义务是对受众负责，译出美国受众很乐意接受的作品来（Lingenfelter, 2007）。换言之，葛浩文的目的是使受众获得很好的效果，采取了面向受众的策略。由此，原小说的第55章，大概有4页，详细描写上官吕氏父母死于德军之手，在译文中被缩减成3小段，仅概述了原文的内容。原小说的第4卷第29章谈到了司马亭的奇怪遭遇，有近5页的内容被缩减。同样，第5卷第39章，讲到鸟儿韩的50场巡游报告，报告他在日本北海道的荒山密林里，像野人一样生活了十五年，其中14页的内容被缩减。海外知名媒体都对莫言的这部作品进行了介绍，也吸引了众多汉学家的注意。有的学者指出，葛浩文尽量把译作做到既忠实，又具有可读性（Yardley，2004）；还有的认为，葛浩文的译本是很精彩的，很好地把这部作品推广到了英语世界（Ng，2005）。从评论看来，译文受众未必了解译者删除了什么，但译文却能产生很好的效果。

主动删除属于语言操纵行为，与双语差异及其翻译方法和技巧无关。例如：

▌例 3-13

原文：

一听这话，马小跳才打量起这个男孩子来。他的眼睛又大又圆，两只招风耳朵，脸特别黑，牙齿特别白。不知道是因为脸黑，把牙齿衬托得特别白，还是因为牙齿白，把脸衬托得特别黑，反正活像一个非洲小黑人，村子里的人都叫他"小非洲"。

他向马小跳自我介绍："我叫小非洲……"（杨红樱，2003：15）

参考译文：

Mo looked at the boy. He had big round eyes and hairy ears like a bat.

"I'm Bat Ears," said the boy. (Yang, 2008: 16)

例 3-13（转引自张艳，2017）的译文删除了与黑人相关的描写，显然与避免种族歧视有关。再如：

▌例 3-14

原文：

So, if you want me, it's a buck and a quarter a week, or go hire that little Chink just pranced out of here.

参考译文：

如果你要我就125块一星期[①]（《绿皮书》18:11[②]）

例 3-14 中的 "Chink" 一词原指 "Chinaman"，即上世纪第一批到美国加利福尼亚淘金的华人，该词与 "chink"（细小缝隙）相像，带有歧视亚洲人眼睛小的意义。影片引入我国时，该段原文内容在译文中被删减。

---

① 电影字幕中的汉语台词绝大多数无标点，故本书出现的汉语台词统一不加标点。
② 数字表示字幕在影片中出现的时间点，下同。

▌例3-15

原文：

You want to keep your <u>goddamn</u> job? Then you do what I <u>goddamn</u> tell you to do when I <u>goddamn</u> tell you to do it! And I'm telling you to get'em the <u>goddamn</u> out!

参考译文：

你还想不想要你的饭碗啦　还想要的话就乖乖按照我让你做的做　我让你做的就是让你给我把他给放了（《绿皮书》30:30）

本处为警长对警员的怒骂，因该人物全程基本背对镜头，我们可以基本排除配音口型因素对译文的影响。原文中出现了4次"goddamn"，意为"该死的、受诅咒的"，为脏话用语，而译文中均被删除。

添加可分为无意添加和有意添加。无意添加一般是两种语言差异导致的。英汉翻译扩大想象空间，汉英翻译缩小想象空间，都是汉语或英语的特点导致的，如"小桥流水人家"英译时，无法避免对其中的名词进行单复数区分，从而缩小了原文的想象空间。有意添加则往往是因汉英文化、法律或伦理差异的特性等而做出的语言操纵行为。如：

▌例3-16

原文：

郑士杰说："你们不知道你们捡到的那张软盘，对我有多重要。我一定要……反正你们得跟我走。"

他们坐上了郑士杰的大奔驰，那感觉真好……（杨红樱，2003：104-105）

参考译文：

Jason Zheng quickly cut the boys off, then said:"You have no idea how important that CD is. What can I do for you, in return?"

Mo desperately wanted a ride in the Mercedes Benz, so Mr Zheng rang all the boys' parents and asked if that would be all right. Penguin's father knew Mr Zheng through his business dealings, and said he was a good man. He reassured Monkey, Mo and Hippo's parents that their sons would be OK.

So the boys went for a ride in Jason Zheng's spacious Mercedes, which felt incredible! (Yang, 2008: 69)

例3-16的译文添加了郑士杰与儿童家长进行沟通后得到允许的环节，这与英语国家对儿童的保护法有关：英语国家不允许儿童没有得到监护人的允许被陌生人带走去游玩。该译文充分发挥了教育功能。

通常不论受众有何种知识背景，译者都可能遇到文化翻译问题。严格来讲，文化就是特有的东西，是另外一种文化中没有的东西，故而汉语文化在英语中不可能存在完全对等的表述。对这些文化信息往往需要注释或者直接删除不译。注释分为两种：文内注释和文外注释。文外注释会影响阅读的流畅性，但容量大。文内注释不太会影响阅读的流畅性，但容量小。当然，至于是删除，还是解释，是怎么解释，还取决于上下文能多大程度上帮助理解这些文化信息，同时，也取决于译者希望受众了解多少相关文化信息。

流失是两种语言差异等客观因素导致的，是被动的，译者未必意识到译文有所失去。放弃，指译者主动放弃两种语言差异所导致的、无法传达的内容的行为，译者意识到译文是有所失去的。在译者能意识到两种语言差异且翻译能力足够高的情况下，流失和放弃实际上没有差异。

一般而言，承载汉语特殊审美方式、思维方式的语言表达是无法完整传达的。这些东西往往就会流失或被迫放弃。例如，汉字本身所具有的审美效果是无法通过英语字母来传达的。如例3-17、3-18和3-19原文中画线部分所承载的具象感或修辞意义都无法在译文中完全体现出来，因而被放弃。

▌例3-17

原文：

　　肌肉暴凸，一根根，宛如出鞘的牛鞭，黑铁砸红铁，花朵四射，汗透浃背，在奶沟里流成溪，铁血腥味弥漫在天地之间。（莫言：《丰乳肥臀》）

参考译文：

The muscles of her arms rippled like knotted horsewhips. Black steel striking against red, sparks flying, a sweat-soaked shirt, rivulets of salty water flowing down the valley between pendulous breasts, the biting smell of steel and blood filling the space between heaven and earth. （葛浩文译）

▌例3-18

原文：

　　她感到桥梁在烈火中变成一条大蛇，扭曲着身体，痛苦不堪，渴望着飞升，但头尾却被牢牢地钉住了。（莫言：《丰乳肥臀》）

参考译文：

In her mind, the burning bridge was transformed into a giant snake writhing in agony, trying desperately to fly up into the sky with both its head and tail nailed down.（葛浩文译）

例3-19

原文：

婆婆的大嗓门把女儿们的嚎哭声压了下去。她睁开眼，幻觉消失，看到窗户一片光明。槐花的浓香阵阵袭来。（莫言：《丰乳肥臀》）

参考译文：

Her mother-in-law's stentorian voice overwhelmed the girl's wails. She opened her eyes, and the hallucination vanished. The window was suffused with daylight; the heavy fragrance of locust blossoms gusted in.（葛浩文译）

汉英语法结构所承载的思维方式差异也是无法翻译的。沈家煊（2019）认为，"汉语大语法集字成句、积句成章、积章成篇的机制建立在对言格式的基础上，对言格式是对称性的，没有中心，不分主次"，而"英语语法集字成句（到句为止）的机制建立在不对称的层次结构上，每个层次区分'主'和'从'，总有一个中心（head），长句的生成依靠成分的镶嵌和递归"。这种差异与汉英各自的思维模式有千丝万缕的联系。这种思维模式的差异意味着如何译都无法做到忠实。

第四节　小　结

本章从多个角度讨论了翻译的共性：翻译的变化共性、制约因素共性以及不忠实的翻译类型共性。我们认为，翻译中原文的字面意义一般会发生变化，要么译文的字面意义隐含原文的字面意义，要么原文的字面意义隐含译文的字面意义，没有严格意义上的对等翻译。原因在于两种语言文化存在差异，同时还受到了译者、受众和作者等多种因素的制约。也正是这些因素以及各种伦理、道德、政治等因素造成了多种不忠实的翻译类型。

思考题

1. 你如何理解翻译的共性？从语言形式和非语言形式来看，还是从这些形式所表达的意义来看？这两个参照角度各自带来的启示和局限有哪些？

2. 如何从翻译事件和翻译行为的角度去分析和归纳学生完成作业的整个过程，尤其是该过程中所涉及的影响因素？

3. 如何理解翻译方法是抽象的，而策略与技巧是受语境制约的？

第四章
汉英翻译方法与技巧体系

界限性（意识）上，汉语（人）更弱，英语（人）更强；且汉语（人）的回顾意识强，英语（人）的前瞻意识强。因为翻译是翻译意义，汉英翻译方法自然必须根据汉英意义表达法差异推导出来，汉英翻译是在意义层面上进行压缩，并存在很强的前瞻性压缩的趋势，即译文会出现较多的 n＋1。比较汉语母语译者和英语母语译者的译文时发现，英语母语者更倾向于使用前瞻压缩技巧（王建国，2019b）。

压缩是立体性、全方位的，主要通过语义压缩来体现，分为纵向和横向两个角度。从纵向角度看，不排除横向压缩；从横向角度看，不排除纵向压缩。纵向和横向只是两个不同的观察角度。

翻译中，纵向压缩和横向压缩的方法实现为纵向压缩技巧和横向压缩技巧，这些技巧各有其典型性。纵向主要是按照英语的要求聚焦，表达时在选词、构句和构篇时分出主次。选词会使用更多的派生词（词根＋词缀），构句会先分出主谓，然后用从属结构；构篇会分出主题句或者选出主角，然后演绎式地论证。横向主要是根据英语具有前瞻意识而往事件后端推进表述的技巧。例如：

┃ 例4-1

原文：

爬电线杆<u>敲冰</u>的不是别人，是我们。

参考译文：

(a) *We climbed up the towers and <u>knocked on the ice</u>.

(b) It was our workers who were up on the towers <u>removing the ice</u>.

例4-1中，"敲"实际上不是"knock on"，而是"knock off"或"remove"，当然"remove"更加合适，虽然"knock off"隐含了"敲掉"，但最终目标是"remove"，不管是不是通过"knock"的方式。相比之下，"敲"表示的概念是事件的前端，但在英文表达时要朝后想，要直接讲到事件的后端（鲍川运，2021）。

前瞻性压缩就语言形式对应而言，有两种可能：译文与原文无对译（non-formal equivalence）；译文与原文有部分对译（partial formal equivalence）。

总之,汉英翻译的方法是压缩,分为界限性压缩和前瞻性压缩。由于汉英差异的一般性特征是界限意识强弱,显著特征是前瞻性强弱,因而界限性压缩是更为一般性的状态,而前瞻性压缩表现为更有显著性。前瞻性压缩方法是汉英翻译方法中更具特色的方法,也是传统上忽视的关键方法。这些方法在语境中具体化为技巧。第三章提到,翻译技巧有语用色彩,其不是规律,但具有原则性,译者一般不会违反,若违反,很可能会产生额外含义,或者说若想要违反,很可能与译者有特殊目的有关。

第一节　界限性压缩技巧体系

加强界限意识源于汉英差异:汉语的界限性弱,英语的界限性强。要注意对原文表达的意义划分主次,对提及的事物进行归类,等等。形式上,往往表现为重新选词、分句、分段等。

一、分类式压缩

1. 主次分类

英语主要的构词法是派生构词法,派生构词法词根+词缀可以理解为主+次,对应于英语句子中主句+从句之间的关系,也对应于英语段落主题句+支撑句之间的关系。因而主次分类压缩实际上就是英语选词要关注派生词的选用,英语构句要关注主从句的构造,段落则需要关注主题句的使用。英语这种主次分明的结构,一定意义上,与现实当中的立体世界有映射关系,因而主要结构往往表示信息的重要部分,而次要结构往往表示信息的次要部分。

为此,汉英翻译时,要通读所译段落,分清段落中信息的主次,用主要结构如句子的主谓结构来表达主要信息,用次要结构如介词短语、从句来表达次要信息。

(1)句子中的主要信息与次要信息:句子层面主要看句子的主要信息结构,为句子的主谓结构做好选择。例如:

▌例4-2

原文:

曹雪芹基于自己痛苦的个人经历,讲述了贾宝玉和林黛玉之间的悲剧性爱情故事。

参考译文:

Based on his own bitter experience, Cao Xueqin created Jia and Lin's tragic love story in the novel.(2020年9月六级考试试题)

例4-2的主要信息结构是"曹雪芹讲述故事",其译文主要信息结构是"Cao Xueqin created ... story",其他的信息是不同地位的次要信息,其译文则通过从属结构予以反映。

作者最关注的信息中心或者特别想聚焦的对象,如事件发生的结果,往往会被选为谓语，与主语一起构成主谓结构。例如：

▌例4-3

原文：

　　他爬上树，看到了远处的敌人。

参考译文：

　　(a) He climbed up the tree and saw the enemies far away.

　　(b) He saw the enemies far away in the tree.

　　译文（a）强调了他"爬树"的意象，而译文（b）只把"爬树"看作是"看到远处敌人"的方式而弱化，通过"in the tree"来隐含他"看到"之前的"爬树"行为。

　　不过，若是单句翻译不建议翻译成译文（b），毕竟译文（b）还需要一定的语境才能看出"in the tree"隐含了"爬树"，而不是通过其他方式上了树。

　　平卡姆（2000：253）在讨论例4-4的时候指出，根据她的理解，"they reached the Dabie Mountains"是最重要、最需要强调的信息，同时由于此句是历史叙述，因此"late August"也很重要，根据一般信息分布原则：最重要的信息在最后（final place），次要的在句首，其他的在中间，译文（c）是最符合逻辑的选择。[①]

▌例4-4

原文：

　　经过二十多天的艰苦跋涉和艰苦卓绝的战斗，他们八月下旬到达了大别山。

参考译文：

　　*(a) After more than twenty days of exhausting marches and heavy combat, they reached the Dabie Mountains in late August.

　　*(b) They reached the Dabie Mountains in late August, after more than twenty days of exhausting marches and heavy combat.

　　(c) In late August, after more than twenty days of exhausting marches and heavy combat, they reached the Dabie Mountains.

　　这里要特别提醒的是：英语中动词不定式、分词、动名词、介词短语和单个形容词可作

---

① 这种说法我们是存疑的。最后、句首和中间，并没有很好地限定。如译文（c）中，"最后"是指"the Dabie Mountains"、"reached the Dabie Mountains"，还是"they reached the Dabie Mountains"？同样，句首和中间，都会存在认定的问题。不过，平卡姆的观点非常值得重视，需要深入探讨。

为独立结构作状语，是汉英翻译中展现信息主次的重要技巧，但有时很容易使用不当，造成主次不清晰的散焦，形成中式英语中的五类悬置修饰语（dangling modifier）（平卡姆，2000：283）。例如：

▌例4-5

原文：

要么诉诸武力，要么通过和平方式，<u>多数残敌</u>放下了武器。

参考译文：

(a) *<u>Using either military or peaceful means</u>, <u>most of the remaining enemy forces</u> were put out of action.

(b) <u>Using either military or peaceful means</u>, <u>we put most of the remaining enemy forces</u> out of action.（平卡姆，2000：283）

原文"诉诸武力"的逻辑主语没有明确表达出来，但显然不是"多数残敌"。换言之，两个"要么"结构与"多数残敌……"在逻辑上并没有统一的主语，但这在更讲究直觉的汉语中并非异常。

译文（a）对译原文，但"using"的逻辑主语并非"most of the remaining enemy forces"，违反了英语中独立的分词结构的逻辑主语必须与主句主语相一致的规则，破坏了英语聚焦审美的要求。

（2）语篇中的主角与配角：首先，主次分类表现为翻译需要有语篇意识，即翻译之前要通读全文，抓住一个主题段落的主角或者被讨论的主要内容，为句子主语的选择做好准备。如例4-6中，其主要讨论对象是《西游记》这部小说，因此《西游记》最可能成为英语译文中的句子主语。

▌例4-6

原文：

《西游记》(Journey to the West) 也许是中国文学四大经典小说中最具影响力的一部，当然也是在国外最广为人知的一部小说。<u>这部小说</u>描绘了著名僧侣玄奘在三个随从的陪同下穿越中国西部地区前往印度取经（Buddhist scripture）的艰难历程。虽然故事的主题基于佛教，但这部小说采用了大量中国民间故事和神话的素材，创造了各种栩栩如生的人物和动物形象。其中最著名的是孙悟空，他与各种各样妖魔作斗争的故事几乎为每个中国孩子所熟知。（2020年9月六级考试试题）

该译文的大致结构就可能如下："*Journey to the West* is one of ... It is also one of ... This novel depicts ..."

文学翻译需要分清主次而构建意象。汉语表达按照时间或逻辑顺序，表达的意象移步换景，没有清晰的焦点。而英语的主次分明，表现出聚焦意识。聚焦不同，意象不同。例如：

▌例 4-7

原文：

　　二姐选择了一块最干净的地方，开始砸冰。上官家祖传的大铁锤被她纤细的胳膊举起来，沉重地落在冰面上，发出的响声像刀刃一样锋利单薄，飞到我家的窗户上，让窗纸簌簌作响。（莫言：《丰乳肥臀》）

参考译文：

Second Sister picked out a clean patch of ice and attacked it with the sledgehammer, which had been in the Shangguan family for generations, raising it high over her head with her thin arms and bringing it down hard; the sharp, hollow sounds of steel on ice flew through the air and made the paper covering of our window quiver.（葛浩文译）

原文中表示动作的结构有 7 个，葛浩文选择了 "picked out, attacked, flew, made" 作为主句谓语动词，从而构建了系列意象。同时使用了从句和包含 "raising, bringing, quiver" 等具有动作意义的词语的从属结构，对主要意象进行衬托，对原文中看似由 8 个动词连续排出的意象进行了主次分明的聚焦压缩。

再如：

▌例 4-8

原文：

　　"别动！"茶馆掌柜的有经验，拦住了大家。他独自过去，把老车夫的脖领解开，就地扶起来，用把椅子戗在背后，用手勒着双肩："白糖水，快！"（老舍：《骆驼祥子》）

参考译文：

　　(a) "Don't move!" the proprietor, who had experience in such things, called out to stop the men from going up to the old fellow, then took charge by loosening his collar and propping him up against a chair by his shoulders. "Some sugar water, and hurry!"（葛浩文译）

　　(b) "Don't move!" The teahouse manager, an experienced man, stopped the crowd. Going over alone, he loosened the old man's collar, propped him up against a chair and held his two shoulders. "Bring some sugar water, quick." (施晓菁译)

这段话写了茶馆掌柜的一系列动作，汉语按照动作先后进行描写，掌柜先喊 "别动" 来拦住大家，然后独自过去、解开脖领、就地扶起、用椅子戗在背后、勒着双肩，一系列动作描写自然流畅，呈平面推进，体现了汉语平面的动态散焦意象美。在葛浩文的译本中，用一个焦点 took charge 统领了后面一系列动作，突出了有经验的掌柜独自过去抢救老者的情景，且 "就地扶起来，用把椅子戗在背后，用手勒着双肩" 三个动作，合在一起译为 propping him up against a chair by his shoulders，更显得简洁，焦点也更突出，体现了英语立体的意象美。施晓菁的译本则将 "独自过去" 译作 Going over alone，以现在分词的形式将这个动作放在次要位置，将解开脖领、就地扶起并用椅子戗在背后、勒着双肩三个动作并列描写，以这三个动作为主体，形成了三个焦点。这两个译文反映了，选取的焦点不同，压缩程度和形式都存在差异。

2. 平行分类

（1）整体与部分分类：英语中整体和部分存在分开表述的趋势。整体在主语位置，为已知信息，部分在谓语位置，为未知信息，即在谓语位置的部分往往是焦点。因而汉英翻译时要能区分整体和部分。例如：

▎例 4-9

原文：

　　我头疼。

参考译文：

(a) * My head is painful.

(b) I have a headache.

▎例 4-10

原文：

　　美国的经济比日本的强大。

参考译文：

(a) American economy is stronger than Japanese economy.

(b) America is economically stronger than Japan.

例4-9、4-10中"我头""美国的经济"被分别分离为整体与部分,整体在主语位置,作为已知信息,部分在谓语位置成为新信息,是信息的焦点。

再如例4-11。其中"她的手"也更常被分离为整体和部分。经观察,霍克斯的《红楼梦》英译里多用译文(a)的形式,而杨宪益夫妇的译本多用译文(b)的形式(王建国,2019b)。

▌例4-11

原文:

我抓住她的手。

参考译文:

(a) I grabbed her by the hand.

(b) I grabbed her hand.

整体与个体分类还表现在灵活使用标点符号上,如":"之后一般是列举支撑其之前的要点,"——"之后一般解释其之前的要点(王建国,2019b)。

下面例4-12、4-13(鲍川运,2022c)的译文(b)也反映整体和部分分离表述更符合英语本族人的习惯:

▌例4-12

原文:

我们救灾工作的效率还可以更好一些。

参考译文:

(a) The efficiency of our rescue and relief work could have been improved.

(b) We could have been more efficient with our rescue and relief effort.

▌例4-13

原文:

董事会第三次会议作出进入西北市场的决定。

参考译文:

(a) The third meeting of the board decided to move into the market in the northwestern region.

(b) The board decided at its third meeting to move into the market in the northwestern region.

不过,这里要提醒的是,一些汉语定中(定语+中心语)结构并不构成整体+部分的领属关系,如:

┃ 例4-14

原文:

许多国企这几年已经完成了<u>股份制改革</u>。

参考译文:

(a) *In the past few years, many SOEs have completed <u>the reform of shareholding system</u>.

(b) In the past few years, many SOEs have <u>completed their structural reform and converted to the shareholding system</u>.

(c) In the past few years, many SOEs have <u>adopted the shareholding structure</u>.

例4-14(鲍川运,2022f)中,"股份制+改革"并非是整体+部分关系,实指为实施股份制而进行的改革。译文(a)可能被误解为改革股份制。

另外,汉语表述还有一种整体与个体可以替换的现象,而英语中通常须如实反映是整体还是个体,如:"我的工作虽说比较累,……<u>我们</u>的行业属于服务业,加上每天接触的人五花八门什么行业的都有,……"其中的"我们"实指"我"(转引自王建国,2019b)。

(2)动作与状态分类:汉语词有时可以表动作,但有时又可表状态。例如:

┃ 例4-15

原文:

<u>医生到了</u>,都<u>到了</u>一个小时了。

参考译文:

(a) *The doctor has arrived. He's arrived here for an hour already.

(b) The doctor has arrived. He's been here for an hour already.(鲍川运,2022a)

例4-15中"到了"出现两次,形式没有区别,但意义有差异。前者是动作,后者是结果状态(鲍川运,2022a)。英语则必须体现这两种不同的意义:表结果状态的"到了"不能对译,否则,不能跟"一个小时"这种表持续的时间段搭配,但表动作行为的"到了"可以对译,表示完成了这个动作。

(3)事物范畴分类:垃圾分类,应该是源自西方,英语世界早有垃圾分类意识。这种分类意识也反映在语言当中。如例4-16中，说话人没有把"草莓""小西红柿"等归类为"水果"或"蔬菜"，译文（b）对蔬菜和水果进行了分类，而译文（a）对译了原文中无分类的排列。

▌例4-16

原文：

人们喜欢的任何水果，甚至蔬菜，都可以制作冰糖葫芦。比如：草莓、橘子、葡萄、猕猴桃、山药、小西红柿等。

参考译文：

(a) *Conventional ice-sugar gourd could be made by all kinds of favorable fruits and even vegetables, such as strawberry, orange, grapes, kiwi fruit, Chinese yam, and cherry tomatoes.

(b) Any fruit you like, such as strawberries, oranges, grapes, kiwi fruit, or even vegetables like Chinese yam and cherry tomatoes, can be made into a Bingtanghulu.（转引自王建国，2019b）

平行分类之后，往往会牵涉到平行结构的使用。平卡姆（2000）指出，平行结构可以增加口语和书面语的力度，有修辞色彩。但平行结构的使用，对英语母语人士也是难题（平卡姆，2000）。如例4-17（a）中名词短语people's quality of life与动名词短语saving the environment并不平行，故而改为例4-17（b）：

▌例4-17

原文：

参加肉类生产会议的代表们一致认为，这些问题对下世纪至关重要，既关系到人们的生活质量，也关系到环境的保护。

参考译文：

(a) *The delegates [to a conference on meat production] agreed that these are vital issues for the next century, both for people's quality of life and for saving the environment.

(b) The delegates agreed that these are vital issues for the next century, affecting both the quality of people's lives and the preservation of the environment.（平卡姆，2000）

至于汉语母语使用者不能很好地使用平行结构，也与汉语类似的结构例如骈偶等与英语的平行结构存在差异相关（见表4-1）（邵志洪，2001）。

表 4-1   汉语骈偶与英语 parallelism 结构差异

	parallelism	汉语骈偶
音	音韵不求和谐	音韵可以和谐
形	二项式或多项式 语法要求一致 结构不求匀称	二项式 字数要求相等 结构可以匀称
义	语义联系紧密 辞义不求对应	语义联系紧密 辞义可以对应

英语平行结构要求词性对应，而汉语骈偶结构没有词性对应的严格要求。例 4-18、4-19 中"兴亡"是动词词组，"今古"是名词词组；"无风"是形容词+名词，"不夜"是副词+动词。它们都没有词性对应：

▎例 4-18

兴亡留白日，今古共红尘。(《登河中鹳雀楼》司马扎)

▎例 4-19

无风云出塞，不夜月临关。(《秦州杂诗(其七)》杜甫)

(4)事和物：汉语不重视概念上"物"和"事"的区分，事就是抽象的物，"事物"也(沈家煊，2019)。由于汉语的事与物不分，容易造成译者少使用"物"的表述来体现一种稳定特征。例如：

▎例 4-20

原文：

主任批准项目资金增加 500 万元，以支付员工的加班费及其他零散开支。

参考译文：

(a) *The director has approved to add 5 million yuan in project funding to pay for overtime and miscellaneous expenses.

(b) The director has approved an additional 5 million yuan in project funding to pay for overtime and miscellaneous expenses.(鲍川运，2022d)

例 4-20 的译文(b)中，"增加 500 万元"被处理为"an additional 5 million yuan"，更好地

体现了英语善于用"物"来表述"事"。

（5）过程和结果：语用上，汉语重过程，英语重结果（王建国和何自然，2014），各自的思维方式上也有这种差异（何自然，2015）。有时也会让说汉语的人用过程来表达结果。例如：

┃ 例 4-21

原文：

在出台政策时，需要注意政策与现行法规的协调性。

参考译文：

(a) *When issuing policies, we must make sure that these policies are consistent with existing laws and regulations.

(b) We must make sure that the policies we adopt are consistent with existing laws and regulations.（鲍川运，2023b）

例4-21中，汉语的逻辑是：出台的政策都要考虑到政策与现行法规的协调性。但译文(a)中的"when issuing policies"却表达了：政策制定时，而不是出台的政策，应保证协调性。换言之，"出台政策时"表达的是过程动作，但要表达的意思却是"出台的政策都要考虑到政策与现行法规的协调性"这个结果。

（6）实指与虚指：多义词要分清实指什么和虚指什么，否则，容易产生误译。例如：

┃ 例 4-22

原文：

作为新兴市场国家的代表，中国的作用会逐渐提高。

参考译文：

(a) *As a representative of the emerging economies, China will play a more important role.

(b) As a typical (major) emerging economy, China will play a more important role.

┃ 例 4-23

原文：

现在整个社会都在讨论如何解决城市拥堵，提高交通效率的问题。

参考译文：

(a) The whole society is having discussions on ways to reduce traffic congestion and improve transportation efficiency.

(b) There is a lot of <u>public</u> debate now on ways to reduce traffic congestion and improve transportation efficiency.

例4-24

原文：

国际社会广泛支持这个提议。

参考译文：

(a) <u>The international community</u> widely supports this proposal.

(b) <u>Internationally</u>, there is <u>broad</u> support for this proposal.

例4-22（鲍川运，2023a）对译"代表"为"representative"，一般情况下不太准确，因为无法确定这个"representative"的身份。其实际上指的是一个"典型的"，或者是一个"主要的"新兴市场国家。例4-23（鲍川运，2023c）中的"整个社会"实指许多人，而不是所有人。例4-24（鲍川运，2023c）的"国际社会"实指许多国家，未必是所有国家。

（7）假言与真言：语言表达中常常有表达失误即假言现象，若对译，会引起逻辑问题。正确的理解必须去伪存真。例如：

例4-25

原文：

出入工地的车辆必须先进行清洗。

参考译文：

(a) *Vehicles must be cleaned before entering and leaving the construction site.

(b) Vehicles must be cleaned before leaving the construction site.（鲍川运，2023a）

例4-26

原文：

近几年来，国家恢复了许多传统节日，把这些传统节日定为法定假日。

参考译文：

(a) *A few years ago, several traditional festivals were restored and made public holidays.

(b) A few years ago, several traditional festivals were made public holidays.（鲍川运，2023a）

例4-25中"入"工地需要清洗车辆,不合逻辑。"出"工地时需要清洗是因为要保护环境。译文(a)对译原文不合适。例4-26中,"恢复"传统节日是指一些节日原来不是法定节日,现在恢复了,译文(a)中的"restore"给读者的感觉是原来的传统节日被中断过,而几年前恢复了。

（8）手段和目的：汉语讲究铺陈排列、行云流水,但有时候却不分范畴,不分手段和目的。例如：

▌例4-27

原文：

坚持公交优先、绿色出行。

参考译文：

(a) *Priority must be given to public transit and green mobility.

(b) People are encouraged to take public transit and go for green mobility.

(c) Priority will be given to public transit as a green mobility solution.（鲍川运,2022b）

例4-27中的"公交优先"和"绿色出行",在形式上是并列的。但是分析一下两个词组的性质,不难发现,"公交优先"和"绿色出行"并不是等同的概念,"公交优先"是手段,而"绿色出行"则是目的。

二、删除修饰词语义

通常,若不是非翻译因素或者具体语境中的不可译因素干扰,译文不会出现删除原文内容的情况。汉语常有一些修饰词,似乎有强调的功能,似乎也有调节节奏的功能,似乎还与其搭配词有些语义重复。这样的词,往往不会对译,或者说会被删除。例如：

▌例4-28

原文：

我们应该积极推动建立新的国际政治经济体系。

参考译文：

(a) *We should actively promote the establishment of a new international political and economic order.

(b) We should promote the establishment of a new international political and economic order.（平卡姆,2000）

"推动"可以理解为本身含有一些"积极"的意义,即两者词义有些重复。译文(a)中"actively promote"字面意义也与"积极推动"有较强的对应,"actively"与"promote(to advance sb. from one grade to the next higher grade)"的词义也有些重复。平卡姆(2000)认为,通常情况下,不需使用"actively",从某种意义上来说,就是不需翻译"积极"的词义。COCA(Corpus of Contemporary American English)中查得88个"actively promote"。这也说明"actively"在译文(b)中是被删除的,而不是被promote所隐含了。

▌例4-29

原文:

这种行为应该彻底清除。

参考译文:

(a) *These practices should be totally abolished.

(b) These practices should be abolished.(平卡姆,2000)

例4-29中,某种程度上,"清除"含有"彻底"的词义,"abolish(to completely do away with sth.)"含有"totally"的词义。与例4-28中的情况一样,"totally"是被删除的,而不是被隐含的。COCA中查到七条"totally abolished",进一步证明了这个判断。

其实,平卡姆(2000)也提到,在英语表达中,除了明显的冗余修饰词之外,一些看似冗余的名词、动词、修饰词、同义重叠、反复表达等,都可能需要视语境而决定去留。这个观点,进一步证明了我们对以上两个例证的判断。

三、词义隐含式压缩①

使用中的语言产生语义重复,有语用的原因,也有词汇化或语法化的原因。语用的原因是指为了获得某种语用功能而故意使用语义重复的结构,当然也可能是一种语用失误导致的无效果语义重复。词汇化的原因是指英语词汇化程度高,导致英语词汇含有多个汉语结构的意义(刘宓庆,1980;邵志洪,1996)。语法化的原因是指英语词汇往往附带有语法意义,如时态、单复数等。译者由于不了解或者不能精确认识到具体翻译行为中可能存在这种现象,从而导致冗余的语义重复表达。

本节所指的词义隐含式压缩是因词汇化或语法化程度高而单个英语词语隐含多个汉语相似或不同词语词义的翻译现象。语用层面的语义重复,若是语用失误,则往往是前瞻压缩不够所致(参见本章第一节第五点)。

---

① 就本节中引用的平卡姆例证而言,平卡姆认为多数是英语表达冗余。就翻译而言,经过回译的对应汉语表达多数不是冗余,至少是可接受的表达,故而我们称此处的翻译技巧为压缩。

1. 单一词语隐含多个同义结构的语义

平卡姆（2000）指出，同义重叠可分为三种情况：两词词义完全相同、上下义并列、一词含混且无法与另外一词区分开。例如：

▎例4-30

原文：

尽管我们面前的道路崎岖坎坷，但我们相信形势仍然对我们有利。

参考译文：

(a) *Although the road before us is rough and bumpy, we believe that the favorable situation will continue.（两词词义完全相同）

(b) Although the road before us is rough, we believe that the favorable situation will continue.（平卡姆，2000）

▎例4-31

原文：

中国外交部发言人将这一决定称为"港英当局又一干扰和破坏中英谈判的企图"。

参考译文：

(a) *The Chinese Foreign Ministry spokesman called the decision "yet another attempt by British Hong Kong authorities to interfere with and undermine the Sino-British talks".（上下义并列）

(b) The Chinese Foreign Ministry spokesman called the decision "yet another attempt by British Hong Kong authorities to undermine the Sino-British talks".（平卡姆，2000）

▎例4-32

原文：

我们应该加强和完善各级政府计划生育目标责任制。

参考译文：

(a) *We should strengthen and improve the system under which governments at all levels are responsible for attaining given objectives for birth control.（一词词义含混且无法与另外一词的词义区分开）

(b) We should strengthen the system under which governments at all levels are responsible for attaining given objectives for birth control.（平卡姆，2000）

2. 单一词语隐含多个不同义结构的语义

因英语词汇化程度高，英语词语可能隐含汉语词语的语义要素，可包括一个事件中存在的诸多语义成分，例如：施动者（身份、职业、性别、社会关系、家庭关系、品质、状态、形状），受动者（身份、职业、性别、社会关系、家庭关系、品质、状态、形状），动作（工具、方式、原因、目的、时间、地点）。但哪种语义要素被隐含，因具体词语而异。在翻译中需要隐含哪些语义成分，除了需要考虑汉英语言差异尤其是词汇化程度差异之外，还需要考虑语境。

这里还包括了词汇在语境中附加的语法意义。

（1）动作方式。

┃例4-33

原文：

我<u>坚信</u>我们的军队特色不会改变。

参考译文：

(a) *I <u>firmly believe</u> that our army will be able to maintain its own character.

(b) I <u>am convinced</u> that our army will be able to maintain its own character.（平卡姆，2000）

┃例4-34

原文：

我们相信，通过和平竞争，我们<u>一定</u>会超过帝国主义。

参考译文：

(a) *We are confident that we shall <u>assuredly</u> surpass imperialism through peaceful competition.

(b) We are confident that we shall surpass imperialism through peaceful competition.（平卡姆，2000）

（2）性质。

┃例4-35

原文：

农业取得了好收成。

参考译文：

(a) *There have been good harvests <u>in agriculture</u>.（画线部分多余，其含义已被"harvest"隐含）

(b) There have been good harvests.（平卡姆，2000）

例4-36

原文：

加快经济改革的步伐

参考译文：

(a) *to accelerate the pace of economic reform（画线部分多余，其含义已被 "accelerate" 隐含）

(b) to accelerate economic reform（平卡姆，2000）

例4-37

原文：

推进和平统一大业

参考译文：

(a) *promoting the cause of peaceful reunification（画线部分多余，其含义已被 "reunification" 隐含）

(b) promoting peaceful reunification（平卡姆，2000）

例4-38

原文：

我们必须反对铺张浪费的行为。

参考译文：

(a) *We must oppose the practice of extravagance.（画线部分为多余，其含义已被 "extravagance" 隐含）

(b) We must oppose extravagance.（平卡姆，2000）

　　平卡姆对以上例证的解释见括号中的。本小节中的四个案例都牵涉到表性质的范畴词（category word）的使用。平卡姆（2000）指出，范畴词是一种概括性的词，仅仅用来引出某个具体的名词或动名词，其含义已被其所引出的名词或动名词所含括，不应该使用。我们的解释是：范畴词在汉语中有抽象概念的标记功能。比如，"灵活" 加上 "性" 才能明确其概念的抽象性。英语抽象名词容易识别，即本身已经含有抽象性，汉语抽象概念的标记英译时无须对译。

（3）品质。

▌例4-39

原文：

新加坡禁止美国著名的女歌手麦当娜在本国演出。

参考译文：

(a) *Singapore will bar America's <u>popular female</u> pop star Madonna from staging a show in its territory.

(b) Singapore will bar America's pop star Madonna from staging a show in its territory.（平卡姆，2000）

译文（b）中"pop star"和"Madonna"都已经含有著名女歌手的意义，无须像译文（a）那样对译原文。时间和数量的隐含，主要与英语语法化程度较高有关（刘丹青，1995）。

（4）时间。

▌例4-40

原文：

当前政府正在努力改善税收。

参考译文：

(a) *<u>Now</u> the government is working hard to improve taxation.

(b) The government is working hard to improve taxation.（平卡姆，2000）

"now"所表达的时间概念已经在动词时态里表现出来了，无须用"now"来对译汉语的"当前"。

（5）数量。

▌例4-41

原文：

我们将采取一系列措施。

参考译文：

(a) *We will adopt <u>a series of</u> measures.

(b) We will adopt measures.（平卡姆，2000）

┃例 4-42

原文：

数以百计的跨国公司开始在中国开展各式各样的业务。

参考译文：

(a) *Hundreds of transnational firms have started <u>various</u> businesses in China.

(b) Hundreds of transnational firms have started businesses in China.（平卡姆，2000）

"一系列"的含义已被"measures"的复数标记"s"所隐含，无须用"a series of"对译；"各式各样"的含义被"business"的复数形式"businesses"所隐含，无须用"various"对译。

四、定点式压缩

所谓定点式压缩，就是指压缩词义的边界直到该词义无它解。我们说的定点式压缩主要是指专有名词和术语的翻译。专有名词，表示特定的、独一无二的人或物（人名、地名、国家名、景观名），与普通名词相对。术语指各门学科中的专门用语，是概念的合集，而非特定人、地等的合集，不涉及专有性，是较为特殊的普通名词。专有名词和术语都有极强的排他性和界限性，使用这些词必须做到无歧义。另外，术语最好还要做到简明，有很强的派生构词能力。

1. 使用约定俗成的译法

汉英术语翻译，首选肯定是英语中已被广泛接受的表达，最大限度地保障译文的界限性、排他性和可接受性。选词必须压缩受众的想象空间。

英语的专有名词有一些固定的标记形式，如定冠词、范畴词和实词以首字母大写的方式来体现它们的排他性和界限性，如英语书名须用斜体，每个单词往往须首字母大写，等等，因而不同专有名词的书写规范，需要强记或者查阅词典等相关文献。如例 4-43 中的"青藏铁路""西藏""青藏高原"都是专有名词，译文中每个单词的首字母必须大写：

┃例 4-43

原文：

<u>青藏铁路</u>是世界上最高最长的高原铁路，全长 1 956 公里，其中有 960 公里在海拔 4 000 多米之上，是连接<u>西藏</u>和中国其他地区的第一条铁路。

参考译文：

The <u>Qinghai-Xizang Railway</u> is the world's highest and longest plateau railroad. It runs 1 956 km, of which 960 km is on the part of <u>Qinghai-Xizang Plateau</u> 4 000 meters above the sea level. It is the first railway connecting the <u>Xizang Autonomous Region</u> with other parts of China.

（2020年12月六级考试试题）

2. 使用范畴词压缩

专有名词或术语往往是分类的结果，表述中很有可能带有范畴词，如"保障性住房"中"住房"译成"housing"就是范畴词的对应转换，"保障性住房"则可译为"government-subsidized housing""affordable housing""inclusionary housing"或"below-market-rate housing"等（蔡力坚，2017）。

平卡姆（2000）指出，是否需要范畴词，要靠使用者自己判断。我们认为，专有名词或术语的翻译，若使用范畴词，能保障专有名词和术语的排他性和界限性。例如：

例4-44

原文：

中国一贯奉行和平共处的原则。

参考译文：

China has always followed a policy of peaceful coexistence.（平卡姆，2000）

不过，平卡姆这里的观点，让汉语母语使用者有些难以适从。她指出，范畴词在英语中是无用的（同上：6），但又说需要根据语境来判断（同上：15）。我们认为，她对范畴词的功能缺乏足够的认识。范畴词不仅具有分类标记功能，同时还具有排他性的界限功能。因而，英语中有时也需要范畴词来配合形成新的分类概念。例如，"a policy"和"peaceful coexistence"分别是不同的抽象概念，但两者结合成"a policy of peaceful coexistence"，就明确了"和平共处"是一项政策，这项政策是有文可查的。形成一个专有名词，具有强烈的排他性。若没有"policy"这个范畴词，其表达的意义可能是"China"实施的一次或经常性的行为，但未必形成了有文可查的政策。以上解释，既可以解释范畴词的删除，也可以解释范畴词的保留。

3. 使用品质、位置、功能等类型的修饰词压缩

以无锡寄畅园的翻译为例，任文茂（2020）考证，寄畅园的名字来源于王羲之的诗句"取欢仁智乐，寄畅山水阴"。万历十九年，寄畅园当时的园主秦耀，因坐师张居正案被解职，返故里无锡，寄抑郁于园居，改筑是园，题园名为"寄畅园"。显然园主是想通过园林将自己的忧郁苦闷寄托于园中山水，故命名"寄畅园"。

任文茂认为，原书作者提供的"拼音音译"的译文"Jichang Yuan"和"专名音译，通名意译"的译文"Jichang Garden"，都未有效地传达该园林名字背后蕴含的意思，即内容上不具有

该专有名词应有的排他性或界限性；但有道翻译例证中的译文是可取的：

▌例4-45

原文：

它的两个著名的景观是寺庙和寄畅园（"心灵放松之园"），都初建于明朝（1368—1644）。

参考译文：

Its two famous sights are the temple and the Jichang Garden ("Garden for Ease of Mind"), all dating back to the Ming Dynasty (1368–1644).

寄畅园的最终译本"Garden for Ease of Mind"，把"通过园林将自己的忧郁苦闷寄托于山水"这个意义压缩为"Ease of Mind"这个想要获得的结果，从内容上反映了原文专有名词的内容，有了专有性、排他性和界限性。

4. 使用音译法压缩

音译是个很好的压缩理解空间的办法，因为音译词几乎完全是陌生化的表达，无法让受众产生想象空间。其弊端是若无其他解释，受众根本无法做出任何理解。因而，新专有名词或术语，并不存在纯粹的音译。音译词被词典或其他权威工具约定俗成后，再讨论其是否是音译，也没有多大的实际意义，受众看到"*yin*"（阴）这个词想到"*yin*"的所指，就如看到"rose"想到"rose"的所指一样，没啥区别。下例展现的就是初译"坤"这个术语的一种选择：

▌例4-46

Kun

One of the eight trigrams, *kun* (坤) consists of three *yin* lines: ▬▬. It is also one of the 64 hexagrams when it consists of six *yin* lines: ▬▬▬. According to scholars on *The Book of Changes*, as the *kun* trigram is composed only of *yin* lines, it is purely *yin* and is thus used to symbolize all *yin* things or principles. The *kun* trigram symbolizes the earth, and when it comes to society, it symbolizes the social roles played by a female, the mother, and the subjects of the ruler, as well as gentle, kind, and generous ways of doing things. In this context, *kun* also means creating and nourishing all things under heaven.（中华思想文化术语编委会，2015）

5. 使用双命名法压缩

由于历史文化的原因，一些中国特产的植物在西方没有相应的对等物。比如，在中国截然不同的两种树木"李"和"梅"在英语国家都叫作"plum"。

任文茂（2020）采用双命名法将"李"和"梅"分别翻译为："plum（*Prunus salicina*

Lindley）”和“plum（*Prunus mume* Sieb. et Zucc）”。双命名法规定：所有植物只能有一个学名，即属名＋种名＋现定名人，现定名人一般采用姓氏缩写（王若涵，2019）

同样，任文茂（2020）讨论了“牡丹”和“芍药”的翻译。“牡丹”和“芍药”同属毛茛科芍药属植物，但分属不同种。“牡丹”属于灌木，“芍药”属于草本。CNKI 翻译助手检索中，两种植物使用频率第二高的翻译分别为 tree peony 和 herbaceous peony，将“牡丹”和“芍药”分属灌木和草本这个特性展现出来，划清了两者之间的界限。但为了进一步体现植物名的排他性，进一步压缩英语中植物名的界限，提高其精确度，采用双命名法确定牡丹和芍药的译文，依次为："tree peony（*Paeonia suffruticosa* Andr.）" 和 "herbaceous peony（*Paeonia lactiflora* Pall.）。

五、前瞻式压缩

前瞻式压缩的最重要特点，就是原文话语的意义被译文话语的意义所隐含，且这种隐含的特点是由于译文的表达法在认知发展阶段比原文的表达法更为推后，表现出 $n+1$ 的特点。下文，我们从前瞻式压缩的角度来讨论 11 种前瞻压缩的方式（与原文有无词与词对译，不作特别关注）。

1. 可能转确定

由可能转为确定，指原文表述有“可能性”“推测性”的意义，而在译文中，这些意义被隐含了，直接表述为确定性的意义。例如：

▎例 4-47

原文：

恰当使用成语<u>可以使</u>一个人的语言更具表现力，交流更有效。

参考译文：

Proper use of idioms <u>makes</u> one's language more expressive and communication more effective.（2019 年 6 月六级考试试题）

▎例 4-48

原文：

不少博物馆还举办在线展览，人们<u>可</u>在网上<u>观赏</u>珍稀展品。

参考译文：

Quite a few museums also hold online exhibitions where people <u>appreciate</u> rare and precious exhibits.（2018 年 12 月六级考试试题）

例 4-49

原文：

人们可以方便地在线预订场地和付费。

参考译文：

People conveniently book venues and pay for them online.（2018 年 12 月六级考试试题）

例 4-50

原文：

可以预见,随着运动设施的不断改善,愈来愈多的人将会去体育馆健身。

参考译文：

It is predicted that with the continuous improvement of sports facilities, more and more people will go to gyms to work out.（2018 年 12 月六级考试试题）

例 4-51

原文：

宴席通常至少有一道汤,可以最先或最后上桌。

参考译文：

There is usually at least a bowl of soup, served either at the beginning or the end of the banquet.（2015 年 12 月六级考试试题）

我们认为,汉语中表可能意义的词语主要是能愿动词,如"能""可以"和"会",其意义会被有确定性意义的译文所隐含,即能愿动词的翻译,很多时候是使用了前瞻式压缩的技巧。

2. 条件转事实

条件与事实之间的关系,认知上,也是先有前者,后有后者。汉英翻译中同样存在由汉语表条件的句子转译为英语表事实的句子。这种前瞻式压缩例证如下：

例 4-52

原文：

如果是必须脱离生产的,也应该抽出一部分时间参加体力劳动,这对联系群众和锻炼自己,都有很大的利益。

参考译文：

Those who cannot take part in such activities should try to find time to do some manual labour. This is of great benefit in maintaining contact with the masses and tempering oneself. （CCL 汉英双语语料库）

例4-52的原文划线部分有明显的条件标记"如果"，但译文采用了非条件的陈述方式来译，把条件句翻译成了表事实的陈述句。

3. 平比转差比

所谓的平比，指甲事物与乙事物一样或不一样；差比，则指甲事物比乙事物在某种性质上更强或更弱。平比牵涉到形容词或副词原级的使用，差比牵涉到形容词或副词比较级和最高级的使用。显然，从认知上，使用比较级或最高级表述属于前瞻表述，比较级或最高级表述隐含了原级表述内容。例如：

▌例4-53

原文：

永远把人民对<u>美好生活</u>的向往作为奋斗目标。

参考译文：

The aspirations of the people to live a <u>better life</u> must always be the focus of our efforts.（党的十九大报告）

▌例4-54

原文：

但是现在好了

参考译文：

Now everything is <u>going better</u>.（《我不是药神》52:13）

▌例4-55

原文：

没有药啊

参考译文：

<u>No more</u> drugs.（《我不是药神》1:08:09）

例4-53中，"美好生活"在常规的理解中，应翻译为"happy life"或者"good life"等。然而，在对应的译文中，却被处理成了"better life"。同样地，例4-54、4-55也做了差比处理。再如：

▍例4-56

原文：

形成陆海内外联动、东西双向互济的开放格局。

参考译文：

With these efforts, we hope to make new ground in opening China <u>further</u> through links running eastward and westward, across land and over sea.（党的十九大报告）

例4-56中，若不使用比较级词汇"further"，译文所产生的含义就是原来没有基础，这同样违背了事实逻辑。

4. 肯定转否定

肯定转否定，指汉语肯定表述转换为英语否定表述。我们认为，认知上，先有肯定表述，后才能做出否定表述，因而肯定转否定，也为前瞻压缩。例如：

▍例4-57

原文：

这次　一定要<u>成功</u>

参考译文：

This time, we <u>cannot fail</u>.（《英雄》1:09:20）

▍例4-58

原文：

这事挺难的。

参考译文：

It is <u>no</u> easy job.

这种前瞻技巧有些特殊。根据邬俊波（2021）的研究，汉语为母语的译者与英语为母语的译者相比，否定形式的使用频率和类型都要更少。这提醒我们要记住更多否定形式的类型以及功能，必要的时候使用否定形式来表达肯定意义。

5. 过程转结果

平卡姆(2000)指出,多数中式英语中的多余动词往往出现在两种短语结构中：多余动词+名词；多余动词+多余名词+其他词。

(1)多余动词+名词。

▌例4-59

原文:

试图引诱军队<u>对他们发起攻击</u>

参考译文:

(a) *trying to entice the army to <u>launch an attack against them</u>

(b) trying to entice the army to <u>attack them</u>

(2)多余动词+多余名词+其他词。

▌例4-60

原文:

我军<u>采用了缓慢前进的方法</u>。

参考译文:

(a) *Our troops <u>used the method of slow advance</u>.

(b) Our troops <u>advanced slowly</u>.(平卡姆,2000)

▌例4-61

原文:

这条措施将对投机者的活动<u>产生限制作用</u>。

参考译文:

(a) *This measure will <u>have a restrictive effect</u> on the activities of speculators.

(b) This measure will <u>restrict</u> the activities of speculators.(平卡姆,2000)

▌例4-62

原文:

我们没有<u>注意确保</u>各项计划指标之间的全面平衡。

参考译文:

(a) *We failed to <u>take care to ensure</u> that there must be an all-round balance between the various planned targets.

(b) We failed to <u>ensure</u> that an all-round balance between the planned targets.（平卡姆,2000）

另外,平卡姆（2000）还提到了滥用过度的引入性动词短语（overworked introductory verb phrases）, 如"pay attention to""lay stress on""attach importance to" 等。例如:

例4-63

*It is especially necessary to <u>make great efforts</u> to assimilate the achievement of other cultures.（平卡姆,2000）

平卡姆（2000）指出,这些冗余多源自汉语原文,一般不能翻译到英语中去。当然,平卡姆又指出,上文提到可能多余的名词或动词,有时表示强调,这种情况大概有四分之一,表强调的是不能删除的。例如:

例4-64

We must <u>make great efforts</u> to overcome this difficulty.（平卡姆,2000）

一般的情况下,make great efforts的意义就隐含在overcome this difficulty之中,须删除。但平卡姆（2000）认为此处的make great efforts意在强调,不必删除。

就第一类多余动词,她指出最多的是"make",其次是"have"。她认为,"make"是弱式动词（weak verb）,没有具体意义,因而需要删除。其实,她的这种解释也基本适用于"have"。但她给出的许多例证,如例4-59中的"launch",就不好解释了,因为它们不是弱式动词。平卡姆认为,第一类有一个不表示具体意义的动词,实际意义由其后的名词表述,而在第二类中,动词之后的名词也不表述具体意义,实际意义落在其他名词、动名词、形容词或其他动词上,即她说的第三个词（平卡姆,2000）。平卡姆（2000）留意到,例4-60中存在范畴词。按照上文的解释,她认为这些结构没有实际意义,并作出了如上修正。然而,问题是其中不少例证并没有范畴词,如例4-61、4-62。这将如何解释呢?

我们认为,她这个部分所引用的例证除了例4-64都属于过程转结果式的前瞻式压缩,而例4-64显化过程,存在额外的含义:排除艰难险阻来克服此困难。

王建国和何自然（2014）指出,语用上,汉语重过程,英语重结果。汉语母语译者的译文容易受到汉语影响而形成过程导向,因而我们要多注意使用过程转结果的前瞻式技巧。例如:

例4-65

原文：

　　我知道　收视率肯定没有问题

参考译文：

I understand. More people will <u>watch</u> this program.（《天籁梦想》50:05）

例4-66

原文：

　　导演在前面　都<u>好好表现</u>啊

参考译文：

The director's here with you now. <u>Impress</u> her!（《天籁梦想》46:59）

例4-65中的译文直接表达了收视率没有问题的结果：more people will watch this program。

例4-66中的"好好表现"可以理解为一系列动作，而译文直接把好好表现的结果（让导演有深刻印象）表达出来了。也就是说，要好好表现，争取"impress"（即"have an emotional or cognitive impact upon"）导演，然后获得上台机会。

例4-67

原文：

　　母狼航辛就<u>把窝搭在</u>了附近

参考译文：

The female wolf Hangxin <u>settled down</u> nearby.（《德吉德》58:06）

例4-67中，原文的"把窝搭在"强调建窝的动作，更偏向于事情发展的前一阶段，表示过程。"settle down"意为"安顿下来、安定下来"（to put oneself into a comfortable position; to begin to live a quiet and steady life by getting a regular job, getting married, etc.），更偏向于后一阶段，表示结果。

例4-68

原文：

　　嘎嘎叔叔　我们<u>来了</u>

参考译文：

Uncle Gaga, we're here.（《唐卡》19:39）

▋例4-69

原文：

嘎嘎　你去我房间把那个茶壶拿来

参考译文：

Gaga, bring me the teapot from my room.（《唐卡》1:00:51）

例4-68中，汉语"来了"是"在这里"之前的过程，"we're here"隐含了"来了"的意义，所以前者比"来了"更推进一步，表示结果。该例由"过程意义"转换为"结果意义"，体现了前瞻式压缩技巧的应用。

例4-69中，汉语按照事件发生的先后顺序来看分别有"去"和"拿"两个动词。译文中直接用"bring ... from"表示，隐含了"去"的过程，直接表现结果，体现了前瞻式压缩技巧。

平卡姆（2000）提到，两次陈述（saying the same thing twice）是中式英语，其表现形式有三种：简单再述（同样的内容用不同词汇表述两次）、不言自明式陈述（两种表述有包含关系）和正反表述（mirror-image statement：先正说，后反说）。例如：

▋例4-70

原文：

我们必须厉行节约，减少不必要的开支。

参考译文：

(a) *We must practice economy and reduce unnecessary expenditures.（简单再述）

(b) We must practice economy.

(c) We must reduce unnecessary expenditures.（平卡姆，2000）

▋例4-71

原文：

我们应该减少企业的税收，让他们保留更多的利润，增加他们的财政收入。

参考译文：

(a) *We should reduce taxes on enterprises so as to allow them to retain more of their profits and thus increase their financial capacity.（不言自明式陈述）

(b) We should reduce taxes on enterprises so as to <u>allow them to retain more of their profits</u>. (平卡姆，2000)

▌例 4-72

原文：

我们要<u>抓紧</u>制定年度计划，<u>不可疏忽</u>。

参考译文：

(a) *We should <u>pay close attention to</u> the formulation of annual plans and <u>not neglect it</u>. (正反表述)

(b) We should <u>pay close attention to</u> the formulation of annual plans. (平卡姆，2000)

首先，我们认为平卡姆给出的中式英语的对应汉语并不是不可接受的。站在汉语可以接受的角度来看，我们认为平卡姆给出的可接受的英语表述是结果取向的英语表述，隐含了她说的两次陈述内容，不存在删除。若我们能把平卡姆给出的恰当英语表述回译成我们给出的汉语，就更加证明了两次陈述的内容并没有被删除，而是被隐含了。也就是说，只要有英语表述的结果意识，就不会产生这种中式英语。

6. 疑问转回答

根据我们的经验及观察，大量的汉语疑问句译成英语时会译成陈述句，英语陈述句表达的意义正好是汉语疑问句的答案，尤其是低疑问或弱疑问的汉语疑问句，例如汉语反义疑问句容易译成英语陈述句，英语母语译者尤其容易采用这种方法。例如：

▌例 4-73

原文：

停　有变化吗

参考译文：

Stop. <u>Same as before</u>! (《天籁梦想》46:36)

导演对在排练的舞蹈团队说："有变化吗？"而在英语译文中，译者直接将其译成了对此问句的回答，体现了译文的前瞻式压缩技巧。再如：

▌例 4-74

原文：

<u>我能认出他吗</u>

参考译文：

I know I'll recognize him.（《唐卡》8:12）

▎例4-75

原文：

安格尔　不问舅舅好啊

参考译文：

Angeer, say hello to your uncle.（《德吉德》23:48）

这里需要提醒的是，判断是否是前瞻式压缩的表述，不能只看问句的对应译文是否是英语陈述句，还要看原文和译文之间的关系，译文意义是否隐含了原文意义或是否以原文意义为前提。例如：

▎例4-76

原文：

他怎么了　他眼睛看不见啊

参考译文：

What happened to him? Why can't he see now?（《天籁梦想》1:00:14）

原文"他眼睛看不见啊"是一个陈述性的感叹句，而在译文中，译者将其转换成了问句，在一定程度上更好地兼顾说话人焦灼的内心，想要探求原因的情绪。

然而，例4-73中的问句与"same as before"构成了"先问后答"的关系，而例4-76中，"why can't he see now"虽然是问句，但却隐含了原文，即必须以"他眼睛看不见啊"为前提。本例说明了，压缩技巧是参照意义来转换而非必须参照原文为疑问句或非疑问句这种形式来转换。译文处理体现了前瞻式压缩技巧。

7. 具体转抽象

译者在汉英翻译时很多时候会将原本具象的过程转化为抽象的表述，常常表现为动态描述向静态描述的转换、具体过程描述向概括性描述的转换等。

一般而言，事情的认知发展规律为：先有过程性的事件，之后再回指时形成概念，也就是说，我们一般先经历一件事，而后才可能将其浓缩成一个概念。

▌例4-77

原文：

　　我要<u>做手术</u>

参考译文：

　　I want <u>the operation</u>.（《天籁梦想》1:04:28）

▌例4-78

原文：

　　你的（那只）眼睛如果不<u>做手术</u>就保不住了

参考译文：

　　Your eye won't last if you don't <u>have the operation</u>.（《天籁梦想》4:04）

　　例4-77中，汉语是"要做手术"，而英文直接"want the operation"，并没有把汉语动词"做"表达出来。同样，例4-78中，英文表达为"have the operation"，也把"做手术"概念化为"operation"。

　　王力（1984）指出，如果说中国有抽象名词的话，只有哲学上的名词，如"道""德""品""性"等。王力的观点至少强烈表明，汉英翻译从具体到抽象是一种很强的趋势。

　　这里顺便提一下汉语范畴词的翻译。范畴词在汉语中有抽象概念的标记功能。比如，"灵活"加上"性"才能明确其概念的抽象性。英语抽象名词如flexibility容易识别，即本身已经含有抽象性，汉语抽象概念的标记英译时无须对译。例如：

▌例4-79

原文：

　　禁止铺张浪费<u>的行为</u>。

参考译文：

　　Extravagance should be prohibited.

　　例4-79中的"的""行为"都没有对应词，其语义被extravagance这个抽象词所隐含。

8. 主动转被动

　　英汉语的一大不同，就在于英语被动语态的高频出现。主动句和被动句所表述意义之间的差异，与过程和结果之间的差异是一致的。在人类的认知上，往往先对事件有主动认识，形成主动句表述，才会对事件有被动认识，形成被动句表述（王建国和谢飞，2020）。

例4-80

原文：

荷花盛开的地方也是许多摄影爱好者经常<u>光顾之地</u>。

参考译文：

The place where the lotus blooms <u>is most frequented by</u> many photography enthusiasts. （2019年12月六级试题）

例4-81

原文：

中国政府进一步加大体育馆建设投资，以更好地<u>满足</u>人们快速增长的健身需求。

参考译文：

In recent years, the Chinese government has further increased its investment in gymnasium construction so that people's rapidly growing demand for fitness could <u>be better met.</u>（2018年12月六级试题）

就例4-80而言，汉语"经常光顾"某个地方，而英语"某个地方被光顾"，某个地方在汉语中是未知信息，而在英语中变成了已知信息。同理，例4-81中"满足需求"和"需求被满足"，也是反映了未知信息向已知信息的转换。

认知上，先有"未知"而后才有"已知"。由于未知信息在先，已知信息在后，已知信息隐含了未知信息，因而被动结构的使用往往反映了汉英翻译中的前瞻式压缩技巧。

当然，被动语态虽为结果取向思维的直接体现，却并不意味着要一味地使用被动语态，这种结构在语用中要受到语境的制约。

9. 未知转已知

未知转已知的方式，前面已经通过被动语态的使用举例说明了。然而，这种方式，不仅仅表现在被动语态的使用上。例如：

例4-82

原文：

他们拥有人世间最纯净的<u>心灵</u>

参考译文：

<u>Their hearts</u> are so pure and innocent.（《天籁梦想》1:10:38）

▌例4-83

原文：

　　她就要开学啦

参考译文：

　　School is about to begin.（《德吉德》49:58）

　　例4-82中，汉语原文表述他们有着纯净的心灵，心灵是新信息，而英语"their hearts"是话题，是背景信息即旧信息，换言之，译文把原文中的新信息"心灵"转变成了旧信息，说明他们的心灵是纯净的，体现出n＋1前瞻式压缩。例4-83中，"学"是未知信息，但译文中成为主语部分，为已知信息。

10. 说事转说物

　　在人的认知上，往往是先有事件的发生，后才会把该事件抽象成概念。汉语中往往说这个事件发生的过程，形成说事的表述方式，而英语把这个事件抽象成概念，形成说物的表述方式，正好符合n＋1的表述方式。这种压缩技巧与具象转抽象压缩有些相似。如：

▌例4-84

原文：

　　我会带路

参考译文：

　　I'm their guide.（《天籁梦想》39:16）

▌例4-85

原文：

　　我只是个带路的

参考译文：

　　I'm just your guide.（《天籁梦想》30:31）

　　这两个例子中，汉语的表达不管是"带路"还是"带路的"，都是指"事件"，而"guide"是"带路（的）"概念化的结果，更强调说话人"guide"的这一角色。译文体现出n＋1的特点。再如：

▌**例4-86**

原文：

　　你怎么那么<u>多话</u>

参考译文：

　　You are quite a <u>talker</u> today.（《唐卡》16:02）

▌**例4-87**

原文：

　　<u>喝得好</u>　喝得好

参考译文：

　　A good <u>drinker</u>!（《唐卡》29:09）

　　例4-86中，汉语整体上说的是一件事，英译对话多的人做了"talker"的定义，形成概念，变成了说物的表述方式。同理，例4-87中，汉语动词"喝"是具体描写，英译成"drinker"则变成了定义，形成了概念意义，变成了说物的表述方式。两个译文表达都体现了 n + 1 的表述方式。

11. 归纳转演绎

　　归纳转演绎的技巧，主要是找出主题词、主题句，从而再列出其下义词或者支撑句。例如：

▌**例4-88**

原文：

　　我读过《三国演义》《西游记》《水浒传》。

参考译文：

　　I have read <u>Chinese classic novels</u> <u>such as</u> *Three Kingdoms*, *Journey to the West* and *Water Margin.*

▌**例4-89**

原文：

　　新时代中国特色社会主义思想，明确坚持和发展中国特色社会主义，总任务是……；明确新时代我国社会主要矛盾是……；明确中国特色社会主义事业总体布局是"五位一体"、战略布局是"四个全面"……；明确全面深化改革总目标是……；明确全面推进依法治国总目标是……；明确党在新时代的强军目标是……；明确中国特色大国外交要……；明确中国特色社会主义最本质的特征是……，突出政治建设在党的建设中的重要地位。

参考译文：

The Thought on Socialism with Chinese Characteristics for a New Era makes the following things clear:

- It makes clear that the overarching goal of upholding and developing socialism with Chinese characteristics is ...
- It makes clear that the principal challenge facing Chinese society in the new era is ...
- It makes clear that the overall plan for building socialism with Chinese characteristics is the Five-sphere Integrated Plan, and the overall strategy is the Four-pronged Comprehensive Strategy. ...
- It makes clear that the overall goal of in-depth reform in every field is ...
- It makes clear that the overall goal of comprehensively advancing law-based governance is ...
- It makes clear that the Party's goal of building a strong military in the new era is ...
- It makes clear that major-country diplomacy with Chinese characteristics aims ...
- It makes clear that the defining feature of socialism with Chinese characteristics is ... underlines the importance of reinforcing the Party's political foundations. (党的十九大报告)

例4-88和例4-89分别对原文进行了归纳添加了"Chinese classic novels"和"The Thought on Socialism with Chinese Characteristics for a New Era makes the following things clear"这两个有概括性的成分，使得两个译文的表述分别形成了演绎式叙述。

第二节　衔接与连贯

一、恰当使用英语界限标记词

上文主要从横向和纵向两个层面讨论汉英翻译技巧。纵向层面上，英语表达主次分明，因而往往需要连词、介词来作为不同语言结构层次的标记；横向层面上，为了表达并列关系，也会使用不同的标记。因而，汉英翻译时需要在各个词、句和章层面添加标记，以保障语句和篇章之间的整体性。

1. 话语标记语

话语标记语是标记话语的表达式，它源自感叹词、连词、副词、指示代词、动词、短语和小句，不参与命题的表达，但有助于话语的组织和理解，表达说话人的语气、态度、情感等，典型成员如下（谢世坚，2009）：

表4-2　汉英典型话语标记语

种　类	汉　语	英　语
感叹词	啊、哎、哎呀、嗯、嗨、嚅、哼、哦、喂、哟/呦	ah, oh, oh no, ouch, wow
连　词	此外、但是、那么、然后	and, because, but, or, so
副　词	不（是）	anyhow, anyway, here, no, now, then, there, well, whatever
形容词	好、对	fine, good, great, okay, right, well
动　词	回头、完了、是	listen, look, say, see
指示代词	这/这个、那/那个（如"这/那倒是""那可不"）	无对应词语
短　语	就是说、是不是、实际上	in other words, so to speak, on the contrary
语　句	你知道（吗/吧）、你看/我看、我说、我想说的是	I mean, mind you, you know/y'know, you see, what I mean is …

话语标记语，首先是标记，因而具有界限标记的功能，可以发挥承接上下文的作用。虽然汉英两种语言中都有，但并不意味着汉语原文和英语译文都是对应存在的，这与汉英思维方式、审美方式相关。事实上，译者需要根据语境来把握原文所传递的语气、情感或态度，从而决定是否需要使用话语标记语。由于译者对原文会产生不同的理解，因而话语标记语的使用往往会因译者而异。例如：

例4-90

原文：

"翠翠，翠翠，人那么多，好热闹，你一个人敢到河边看龙船吗？"（沈从文：《边城》）

参考译文：

(a) "Would you really be scared to go all by yourself, Ts'ui Ts'ui? You know there'll be such a lot of people, it's so exciting — wouldn't you dare go alone to the river bank and watch the Dragon Boats?"（项美丽和辛墨雷译）

(b) "Green Jade, Green Jade, there are so many people there — it's so crowded! I suppose you wouldn't care to see the race alone?"（金隄和白英译）

例4-91

原文：

"他不会。他答应来，他就一定会来的。""这里等也不成。到我家里去，到那边点了灯的楼上去，等爷爷来找你好不好？"（沈从文：《边城》）

参考译文：

(a) "My grandad's not like that. If he said he'd come, he will. " "Well, don't wait here. Come to my house — that one with the lamps — and wait for him there. "（戴乃迭译）

(b) "He wouldn't do any such thing. He said he'd come get me, so that's what he'll do." "This is no place to wait for him. Come up to my house, over there where the lamps are lit. You can wait for him there. How about that?"（金介甫译）

例4-92

原文：

"……象你们父子兄弟，为本地也增光彩已经很多很多！"（沈从文：《边城》）

参考译文：

(a) "... Men like you, your father and your brother. That's glory enough for us."（金隄和白英译）

(b) "The men in your family, for instance, have brought this place a lot of glory!"（金介甫译）

例4-90(a)中"you know"有着提醒翠翠的功能：提醒翠翠到时会有很多人；译文(b)中的"I suppose"则表达了一些怀疑的态度：你可能没有胆量一个人去。例4-91(a)中的"well"传递了一种有些无奈的态度：你既然坚持要等，就到我家去等吧。例4-92(b)中的"for instance"有举例的功能。总而言之，使用好话语标记语，能更好地、更细微地传递原文中的情感与态度，帮助受众理解。

2. 连词、介词、(关系)代词、(关系)副词

使用逻辑连词是英语句子和篇章层面得到压缩的显性标记，反映的是英语界限性强的特征，因而，这些连接词是界限标记。如if往往就是条件句的标记，反映其后的内容是假设的。汉英翻译时特别需要注意逻辑连词的使用。例如：

▎例4-93

原文：

　　如果不知道某个成语的出处，就很难理解其确切含义。因此，学习成语有助于人们更好地理解中国传统文化。

参考译文：

　　(a) If the origin of a Chinese idiom is unknown, its meaning will be difficult to catch. Hence, to learn it well will be helpful to understand Chinese traditional culture.（2019年6月六级考试试题）

　　(b) The origin of a Chinese idiom helps reveal its meaning. Hence, learning Chinese idioms well facilitates a further understanding of Chinese traditional culture.

　　译文4-93（a）使用了英语连词来对应汉语连词，体现了正确的逻辑。但这里要提醒的是，汉语原文中有"如果"，未必就一定要译为if，如译文（b）使用了前瞻式压缩的方法，也是可以接受的。

　　平卡姆（2000）指出，中国人使用逻辑词存在过泛、不用、用错等现象。我们认为，逻辑连接词的使用失误确实与汉语原文中少用有关。逻辑连接词少用也是汉语界限性弱的一种表现。下例可以看出译文中所用的逻辑连词要多于原文，同时各个译文因为译者理解和表达有所差异，所用连词之处也存在差异：

▎例4-94

原文：

　　小溪既为川湘来往孔道，水常有涨落，限于财力不能搭桥，就安排了一只方头渡船。这渡船一次连人带马，约可以载二十位搭客过河，人数多时则反复来去。（沈从文：《边城》）

参考译文：

　　(a) Since this stream marks the boundary between Szechuen and Hunan it used to be an important landmark for travellers from one province to the other. A bridge was necessary, but there was no money for one, so instead they had a flat-bottomed ferry-boat for the travellers. This boat held twenty living creatures, man or horse, in safety, but for bigger parties it had to make more than one trip.（项美丽和辛墨雷译）

　　(b) Since the stream lies across the main thoroughfare between Szechuan and Hunan, and lies on the boundary between the two provinces, it might have been thought that a bridge should be built across it; but the landscape was such that it was impossible to build a bridge, and instead there was a square-ended ferry-boat <u>which</u> could hold twenty men or ten horses, and <u>if</u> there were more people to be ferried across, it was necessary to make a double journey.（金隄和白英译）

(c) The water level fluctuates considerably, <u>and</u> <u>while</u> there is no money to build a bridge a ferry has been provided, a barge <u>which</u> holds about twenty men <u>and</u> horses — more than that <u>and</u> it has to make a second trip.（戴乃迭译）

(d) This little stream was a major chokepoint for transit between Sichuan <u>and</u> Hunan, <u>but</u> there was never enough money to build a bridge. Instead the locals set up a square-nosed ferryboat <u>that</u> could carry about twenty passengers <u>and</u> their loads. Any more than that, <u>and</u> the boat went back for another trip.（金介甫译）

例4-94的4个译文中，还有不少介词、（关系）代词等，都有限定界限的功能。

3. 标点符号

英语标点的功能也较为分明，而汉语的标点则界限性弱，如不少汉语的句号是否必须用可能会因人而异。汉译英时，如能很好地利用英语标点，则能更好地表达意象、情感等。例如：

┃例4-95

原文：

"不吸这个吗，这好的，这妙的，味道蛮好，送人也合式！"（沈从文：《边城》）

参考译文：

(a) "Don't you smoke[?] But this is good, it's fine; it'll come in handy as a present."（项美丽和辛墨雷译）

(b) "You know[—]the best tobacco[—]the finest quality[—]take it[—]it will come in handy for a present."（金隄和白英译）

(c) "Care for a smoke, brother[?] This is first-rate. Doesn't look like much, with leaves as broad as the palm of your hand, but it has a mighty fine flavor. Makes a good present too!"（戴乃迭译）

(d) "Elder Brother, won't you try these[?] Fine goods here, truly excellent; these giant leaves don't look it, but their taste is wonderful[—]just the thing to give as a gift!"（金介甫译）

原文中有"吗"，译文（a）（c）（d）都出现"？"，译文（b）中使用了多个"—"（译文（d）中使用了一个），同时用词少，来表示说话的顿挫感，这种感觉比其他几个译文要更强烈一些，受众获得的"推销"意象更加鲜明。

▎例4-96

原文：

我会把一切安排得好好的，对得起你爷爷。（沈从文：《边城》）

参考译文：

(a) I'm going to arrange everything as well as I can. I'll prove I'm a worthy friend of your grandfather.（项美丽和辛墨雷译）

(b) I will arrange everything[—]the ferryboat and the boy who loves you[—]everything.（金隄和白英译）

(c) You can count on me[:] I'll fix things up the way he'd have wished.（戴乃迭译）

(d) I'll arrange everything so it works out right, so I can face your grandfather.（金介甫译）

译文4-96（b）中的"—"仍然给人更强的停顿感，凸显"the ferryboat and the boy who loves you"。译文（c）的"："有解释功能，较为明显地传递了一种"安慰"。

二、恰当处理汉语衔接方式

横向压缩和纵向压缩，一定意义上假设了汉语翻译成英语时汉语可以通过英语被压缩。然而，汉语存在一些特殊的词语和语句，通过英语是无法得到压缩的，因为英语中不存在与汉语相应的压缩模具。很多时候，只能删除。

不能得到压缩的原因：

（1）汉语逻辑不清，但通常似乎也没有带来交际障碍，即受众不会去追究其是否精确，但这种逻辑不清的汉语表达，不会也无法在英语中得到相应表达。

（2）汉语承载特殊的思维方式，英语无法复现。

（3）汉语特色的文化，英语无法复现。

1. 汉语特殊连词

传统上，很少人注意汉语特色的衔接词，以为汉语的衔接词与英语的一样。其实，汉语之所以为汉语，就是因为各方面都有自己的特点，包括衔接词，如"见""看""听""再""另外""先"等。这些词意义很实在的时候，不是衔接词，虚的时候，可视为汉语特色的衔接词。这些词处理不好，会造成译文质量低下。例如：

▎例4-97

原文：

他是个歌唱家，另外两个爱好是钓鱼和打牌。

参考译文：

(a) *He is a singer. His <u>other hobbies</u> are fishing and playing cards.

(b) He is a singer. He has <u>two hobbies</u>: fishing and playing cards.

▎例4-98

原文：

你<u>先</u>把包给我。

参考译文：

(a) *You give me your bag <u>first</u>.

(b) <u>Let me take care of your bag</u>.

汉语特色的衔接词，很多时候主观性强，不符合逻辑。例4-97中的"另外"就不符合逻辑，因为文中之前并没有提到他还有其他爱好，而唱歌是他的专业，并非业余爱好，因而翻译成"other hobbies"是不准确的。

例4-98中的"先"，往往不存在"后"，因而不能翻译成"first"，否则英语读者会期待"second"和"third"。当然，这句话原意是指说话人想帮听话人拿包，故而不能对译为"you give me your bag"。译文（b）表现出前瞻压缩技巧："take care of your bag"隐含了"你给我包"。

不过，要区分这些词的虚与实。例如：

▎例4-99

原文：

那个景区，走进大门，就能<u>看到</u>一个小亭子。

参考译文：

There stands a small pavilion behind the gate of the scenic spot.

▎例4-100

原文：

从她的表情可以<u>看出</u>，她情绪很低落。

参考译文：

Her looks <u>show</u> she is in low spirits.

┃例4-101

原文：

　　我可以<u>看出</u>问题。

参考译文：

　　I can <u>find</u> the problems.

　　例4-99中的"看到"多半是虚的，可不必译出。但例4-100中和例4-101中的"看出"都是实的（只是前者是谁"看出"有些虚），常常必须译出。

2. 汉语修饰语错位句

　　鲍川运（2022b）指出，汉语因为有过程导向，表述时常常出现修饰语前置，即其真正修饰的词语不是其紧邻的结构。例如：

┃例4-102

原文：

　　我是一个人来到成都建立这个公司的。

参考译文：

　　(a)　*I came to Chengdu <u>alone</u> and set up the company.

　　(b)　I came to Chengdu and set up the company <u>all by myself</u>.（鲍川运，2022b）

　　鲍川运（2022b）指出，这里我们要清楚"一个人"修饰的是"成都"还是"成立公司"。按照汉语的表达方式，我们肯定会认为重点在"成立公司"，这句话很好地体现出了中文过程式的语言特点，"来到成都"便是过程。因此，译文（b）更符合逻辑，"来到成都成立公司"这一过程为一个整体，"一个人"作为副词，修饰的应该是这个事件整体，而不是"来到成都"这一过程。

┃例4-103

原文：

　　<u>2019年以来</u>，他们已经超过我们，成为全国电商五强。

参考译文：

　　(a)　*<u>Since 2019</u>, they have surpassed us to become one of the top five e-commerce companies in the country.

　　(b)　<u>In 2019</u>, they overtook us to become one of the top five e-commerce companies in the country.

(c) Since 2019, they have overtaken us and become one of the top five e-commerce companies.（鲍川运，2022a）

同样，在例4-103中，按照译文（a）的处理方式，可以理解为"2019年"修饰的是"他们已经超过我们"，但其实是修饰"他们成为全国电商五强"。因为"2019年以来"是一个时间段，只能与"成为全国电商五强"这个时间段上的状态搭配，不能与"超过"这个时间点的动作搭配。这个例证反映了译者需要加强前文提到的平行分类中的动作和状态分类意识。

┃ 例4-104

原文：

<u>许多企业</u>学习科学发展观，办法更多，信心更足了。

参考译文：

(a) *<u>Many businesses</u> are learning to adopt the scientific approach to development, and they become more confident with more solutions.

(b) As businesses learn to adopt the scientific approach to development, <u>many</u> have become more confident with more solutions.（鲍川运，2021）

我们首先要清楚"许多"修饰的对象。译文4-104（a）会让读者理解为"很多企业在学习科学发展观，而有些企业不用学习"。结合现实情况，所有企业都应该学习科学发展观，因此译文（a）的处理在逻辑上是有问题的。这句话其实可以理解为"学习科学发展观的企业中，有许多（学了以后）办法更多了，信心更足了"，这样更符合原句的含义，译文（b）更符合说话人的原意。

┃ 例4-105

原文：

<u>许多学生</u>选这门必修课，信心都受到打击。

参考译文：

<u>Many of the students</u> who took this required course complained that their confidence was shattered.（鲍川运，2021）

例4-105的修饰语错位比较典型。"必修课"是每个人都要选的课，因此这里应该理解为"选这门必修课的学生中有许多人信心受到打击"。

3. 重复转替代

认知上，完全重复或大部分重复显然更为简单，而使用替代方式重复牵涉到一个前者与后者相比较的认知过程，因而更困难。由于替代形式所包含的意义隐含了重复形式所表达的意义。从这个角度来看，重复转替代也是一种前瞻式压缩技巧，放在此处讨论，缘于重复和替代与汉英衔接方式差异密切相关。例如：

▌例4-106

原文：

现在让我谈谈我们如何克服今年秋天的财政和经济困难，以及我们应该如何努力使明年的财政和经济状况好转。

参考译文：

(a) *Now let me discuss how we can overcome our financial and economic difficulties this autumn and how we should strive for a turn for the better regarding our financial and economic situation next year.

(b) Now let me discuss how we can overcome our financial and economic difficulties this autumn and how we can improve the situation next year.（平卡姆，2000）

▌例4-107

原文：

我们提出"一国两制"的原则已经做了让步。相信我们会在"一国两制"原则的基础上统一祖国。

参考译文：

(a) *For our part, we have already made a concession by putting forward the principle of "one country, two systems". We believe that eventually our motherland will be reunified based on the principle of "one country, two systems".

(b) For our part, we have already made a concession by putting forward the principle of "one country, two systems". We believe that eventually our motherland will be reunified based on that principle.（平卡姆，2000）

▎例4-108

原文：

改革过程中我们没有遇到太多困难，总体上，改革一直很顺利。

参考译文：

(a) * We have not met with too many difficulties in the course of the reform, and in general the reform is proceeding smoothly.

(b) We have not met with too many difficulties in the course of the reform, and in general it is proceeding smoothly.（平卡姆，2000）

第三节　汉英翻译中的"扩展"技巧

n−1的方法，与n＋1的方法是逆反的，即译文的意义被原文所隐含，甚至原文的意义比译文的意义更加丰富。这种技巧因为汉英语言差异，在汉英翻译中很少出现。例如：

▎例4-109

原文：

我原以为他不会来。

参考译文：

I hadn't expected him to be here.

▎例4-110

原文：

我想今年不会下雪。

参考译文：

I don't think it will snow this year.

这里的英译否定都是否定表过程的主句动词，而不是否定表结果的从句的动词。这说明，英语倾向于先否定过程，从而否定结果。而汉语是肯定过程，直接否定结果。这种案例似乎可认为是n−1技巧的应用。

目前为止，我们发现了一些所谓的反例，即有几类看起来英语译文比汉语原文更重过程。对这几类现象，下文尝试做出解释。

（1）汉语的结果是臆测的。例如：

▌例4-111

原文：

如果客家人把你邀请到家中来，却不泡一壶好茶给你<u>喝</u>，那就是看不起你咯！

参考译文：

If you are invited to the home of a Hakka but not given a good cup of tea, it means they think you are beneath them!（国家汉办翻译材料，由北京外国语大学陈国华教授提供）

例4-111中，"喝"是臆测的，表结果意义。译文中，臆测的结果被删除，给人英语重过程而汉语重结果的错觉。

（2）否定句中，英语是否定过程，从而否定结果。汉语是否定结果，但预设了过程，这反而让人产生汉语重结果的错觉。例如：

▌例4-112

原文：

"不是批评你们，啥叫对待群众的态度，通过一顿饭，就能看出来。你是让群众来拜见你，还是你去拜见群众？"（刘震云：《我不是潘金莲》）

参考译文：

"I'm <u>not unhappy with you</u>, but one meal can make your attitude toward the masses crystal clear. Are you having a commoner call on you or are you calling on her?"（葛浩文和林丽君译）

▌例4-113

原文：

"我不同你讲这些<u>道理</u>；总之你不该说，<u>你说便是你错</u>！"（鲁迅：《狂人日记》）

参考译文：

"I've had enough of this. <u>You shouldn't be talking about it.</u>"（蓝诗玲译）

例4-112中原文为"不是批评你们"，而译文为"not unhappy with you"。有学生认为，应该是先不满意，最后不满意的结果才是批评，所以此处看起来不是结果导向翻译。我们认为，从COCA检索来看，"not unhappy with you"不一定都含有批评的意义。而事实上，原文中这是领导对下属说的话，含有批评的意义，某种意义上这个译文不到位。即使译文有批评的含义，也能反映英语否定过程从而否定结果的思维方式。这与例4-116中没有对译"你说便是你错"是一样的道理。

我们认为，这种观点似乎可以从"think，believe，suppose，expect，fancy，imagine"等接宾语从句的用法中得到一些印证。这些结构都是否定过程，从而达到否定结果的目的。例如：

▌例4-114

原文：

照我自己想，虽然不是恶人，自从踹了古家的簿子，可就难说了。（鲁迅：《狂人日记》）

参考译文：

I don't think I'm a bad man, but I now see my fate has been in the balance since I trod on those Records of the Past.（蓝诗玲译）

鉴于此，英语否定句与汉语否定句，很多时候是可以对应翻译而不会产生接受性问题的，无论原文是否定过程还是否定结果。例如：

▌例4-115

原文：

八戒道："实不瞒哥哥说，自你回后，我与沙僧保师父前行。只见一座黑松林，师父下马，教我化斋。我因许远，无一个人家，辛苦了，略在草里睡睡。不想沙僧别了师父，又来寻我。你晓得师父没有坐性，他独步林间玩景，出得林，见一座黄金宝塔放光，他只当寺院，不期塔下有个妖精，名唤黄袍，被他拿住。"（吴承恩：《西游记》）

参考译文：

"I'll tell you the truth," said Pig. "After you came back here Friar Sand and I escorted the master. When we saw a dark pine forest the master dismounted and told me to beg for some food. When I'd gone a very long way without finding anyone I was so tired that I took a snooze in the grass; I didn't realize that the master would send Friar Sand after me. You know how impatient the master is; he went off for a stroll by himself, and when he came out of the wood he saw a gleaming golden pagoda. He took it for a monastery, but an evil spirit called the Yellow-robed Monster who lived there captured him."（詹纳译）

例4-115中，"不想沙僧别了师傅"这一句意思有点模糊，到底是师傅派沙僧去的还是沙僧自己要求去的。译文为"the master would send Friar Sand after me"，是师傅派沙僧去的意思。不过，这个译文也基本否定了"沙僧来寻我"是"我"的意识范围之内。

（3）篇章衔接所需。下面都是蓝诗玲的译文。我们观察到，例4-116和例4-117中的画线部分都是蓝诗玲添加的，而且"I heard""I don't expect""as I began my speech"都是回述的策略。我们认为，这与她对篇章主题的理解密切相关。例4-116中的两个添加，加强了主语的一致性，凸显了"I"为本文的主角，也增强了译文的流畅性。例4-117中，"as I began my speech"和"I set to"构成衔接，增强了译文的衔接性。

▎例4-116

原文：

去年城里杀了犯人，还有一个生痨病的人，用馒头蘸血舔。他们要吃我，你一个人，原也无法可想；（鲁迅：《狂人日记》）

参考译文：

And last year, I heard that a consumptive ate a steamed roll dipped in the blood of an executed criminal. And now it's my turn to be eaten. I don't expect you to fight on my behalf, alone against the rest of them.（蓝诗玲译）

▎例4-117

原文：

当初，他还只是冷笑，随后目光便凶狠起来，一到说破他们的隐情，那就满脸都变成青色了。（鲁迅：《狂人日记》）

参考译文：

As I began my speech, his lips curled back into a scornful smile. Then his eyes shone with a terrible, savage gleam. When I set to exposing their awful secrets the colour drained dreadfully from his face.（蓝诗玲译）

第四节　压缩的"度"

压缩的"度"对文学作品来说，直接影响意象的传递；对非文学作品来说，往往只影响到严谨与非严谨的表达，严谨的表达压缩度高，非严谨的表达压缩度稍低。

影响压缩的因素如图4-1所示。

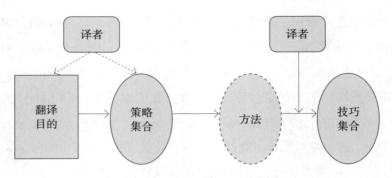

图4-1   影响压缩的因素图

在翻译过程中,译者可能参与甚至决定翻译目的,从而可能参与翻译策略甚至决定翻译策略的制定,但这不是必需的,因而图4-1中用虚线表示。通常译者在获得翻译目的和策略的指令后,无论其是否参与制订目的和策略,都需要面对其所翻译的两种语言及翻译方向所允许的抽象翻译方法,面对具体的翻译任务,把抽象的方法在具体的语境中落实为翻译技巧,即译者把方法落实为技巧是必要的。

因此,汉英翻译压缩的"度"主要取决于译者:译者的理解和使用语言的能力。同时,也受到翻译目的和翻译策略的影响,如面向何种受众、让受众获得怎样的效果、聚焦何种内容、实现何种价值等。

鉴于汉英翻译方法主要是压缩,其技巧必然主要是压缩技巧,这些技巧通过译者对言语形式和非言语形式的使用表现出来,最后获得意向效果和翻译价值。言语形式的使用,指如何使用界限标记、如何断句、如何选词等;非言语形式的使用,指如何通过言语形式所表现出的节奏获得意向的意象等。

例4-118

原文:

小溪流下去,绕山岨流,约三里便汇入茶峒的大河。(沈从文:《边城》)

参考译文:

(a) The brook flows in a curve around a hill and empties into the river by the city; it takes three li to make the journey.(项美丽和辛墨雷译)

(b) A stream winds down the valley. It meanders along for two or three li and empties itself in the river.(金隄和白英译)

(c) The stream winds down three li or so through the rocks to join the big river at Chatung.(戴乃迭译)

(d) As the stream meandered on, it wrapped around a low mountain, joining a wide river at

Chadong some three li downstream, about a mile.（金介甫译）

例4-119

原文：

　　翠翠大吃一惊，同小兽物见到猎人一样，回头便向山竹林里跑掉了。

参考译文：

　　(a) She was terribly frightened, like a little animal who has seen the hunter in front of her; turning her back she ran away to the bamboo grove.（项美丽和辛墨雷译）

　　(b) She was so confused that she turned back and hid in the bamboo grove like a young animal escaping from the hunter.（金隄和白英译）

　　(c) She turns and darts into the forest like some small wild animal that sees a hunter.（戴乃迭译）

　　(d) Startled, like a little wild animal encountering a hunter, Cuicui ran back into the bamboo grove on the hill.（金介甫译）

　　汉语是散焦语言（王建国，2019b），例4-118、4-109原文是个流水句，表现出移步换景和行云流水的审美特点。汉语本身以及原文的这种特点，使得译者一般难以从形式上区分节奏的快慢，要表示水流湍急往往要明确用语言表述出来。英语是聚焦的语言（王建国，2019b），每个句子都呈现一个焦点，各句之间表现出断续关系。因而，焦点多的句群，往往能反映舒缓的节奏感。焦点少的，则反映较快的节奏。

　　例4-118中，两个合译本都用了三个动作来对译原文，两个独译本的结果取向程度都较大，戴乃迭的独译最大。戴乃迭的独译使用了一个简单句子，金介甫的独译使用了一个复合句，从反映的节奏快慢来看，戴乃迭的独译最能体现水流湍急的画面，金介甫的独译次之。对"小溪"的翻译，金隄合译本使用了不定冠词"a"，其他译本都使用了定冠词"the"，先有无定的未知信息，后有有定的已知信息，因而使用有定标记的，压缩程度更高。因此，结合上面的分析，金隄的合译表现的节奏最为舒缓。整体上，《边城》描写了湘西农村宁静的自然风光，本句也不例外。因此，从这个角度来看，戴乃迭的独译的压缩有些过度了。

　　例4-119中，翠翠的反应体现了很快的节奏感。接上文分析，压缩度高，能加快节奏。四个译文中，前两个合译都用了复合句，戴乃迭的独译的压缩度最高，虽然都与金介甫的独译一样把"便向山竹林里跑掉了"这层结果意义放到了谓语部分成为全句的焦点，但她还把

"大吃一惊"压缩到"some small wild animal that sees a hunter"的语境中。这样做,比起金介甫的独译,句首存在与原文相近的对应表述更加快了节奏感。因而,从这个角度来看,戴乃迭的独译的压缩度又是较为妥当的。

▌例4-120

原文:

　　本品具有益气健脾、养血安神、清热降压、通经壮骨之功效。(鲍文,2015)

参考译文:

　　(a) It has been proved that it is able to produce certain medical effects, namely, to replenish Qi and invigorate spleen, to nourish blood and soothe nerves, to allay internal heat and fever as well as to regulate collateral and strengthen bones.

　　(b) It regulates and strengthens bodily functions, and is good for spleen, nerves, blood, and bones of human body.

　　例4-120中,译文(a)的受众是国外卫生健康界的专业人士,用词清晰、准确、客观、专业,将产品功效的信息,准确、全面、客观地表达出来,满足专业人士的期待。译文(b)的受众是国外普通大众,用词非专业化,大体介绍了产品的功效(鲍文,2015)。译文(a)压缩度高于译文(b)。这里需要再强调:压缩是指认知意义压缩,不是指形式,如词多词少。

　　本书第三章以及王建国(2019b:126-128)都讨论过汉英翻译压缩的度,可以参考。

第五节　小　结

　　汉英翻译中的压缩包括实词处理对概念意义(conceptual meaning)的压缩和虚词处理对程序意义(procedural meaning)的操作。从词、句、章层面来看,实际上是谈词的意义压缩和句的意义压缩,篇章层面则主要是从表达方式来讨论的。因为英语词和句往往意义更加丰富,而篇章层面,拿译文来比较,主要指篇章上英语更喜欢用替代,用替代来隐含汉语中重复表达的内容。

思考题

1. 不少人认为汉英翻译中汉语理解不会有多大问题，但事实上未必如此。请讨论和归纳汉英翻译中会遇到的汉语理解问题，并尽可能指出造成汉语理解存在问题的原因。

2. 汉英翻译中的分类意识主要是基于意义，若参照形式来分类并讨论翻译，会有何启示？

3. 汉英翻译中的压缩是指认知界限的压缩，即压缩主观想象空间，使得译文表达更为精确。翻译是翻译意义，请从这个基本点出发，思考汉英翻译中的省略、隐含与压缩之间的关系。

第五章

英汉翻译方法和技巧体系

英汉翻译方法与上一章中汉英翻译方法是逆反的。由于界限性（意识）上，汉语（人）更弱，英语（人）更强；且汉语（人）的回顾意识强，英语（人）的前瞻意识强。英汉翻译方法自然是在认知意义层面上进行界限扩展，其中包括回顾性或回述性的扩展[①]，即译文会表现为 n−1。

与汉英翻译的压缩方法一样，扩展也是立体性、全方位的，分为纵向和横向两个角度。具体翻译事件中，翻译方法经过翻译目的和翻译策略的语境化，在具体翻译行为中成为翻译技巧。英汉翻译的纵向扩展技巧和横向扩展技巧各有其典型性。

纵向扩展主要是指英语原文主次结构被不同程度地拉平，如英语的派生词、主谓为核心的句子等都会顺应汉语的选词、构句法重新采取复合型表述。横向扩展主要是回述扩展，即指译者根据汉语具有回顾意识，采用回顾方式，表述英语原文中事件前端的方法。

第一节　界限性扩展技巧体系

英汉翻译技巧和汉英翻译技巧并不完全是逆反的。如因为汉语的界限性弱，英语的界限性强，我们提到汉英翻译技巧需要加强界限意识，要注意对原文重新分句、分段、划分主次、事物归类等。虽然英汉翻译需要扩展界限，但这不意味着界限扩展的力度需要汉英翻译压缩界限那么强。如英语原文是归好类的，汉语译文不必故意去打乱原来的分类。

实际上，界限性扩展是汉英差异所致的必然现象。如上文所言，英语的名词有单复数，动词有时体标记，形容词有原级、比较级和最高级标记，而汉语常常缺乏标记，往往会带来更多的想象或理解空间。

一、平行式扩展

平行式扩展就是把有层次、有主次的分类，采用更为平行的结构进行表述[②]。方法归纳如下：

---

① "回顾意识"是对汉语的思维方式、表达法和语言表层结构三个层面的特征的归纳。"回述"仅指英汉翻译时译者使用的表达方式。

② 这里要特意提示一下：为了反映现实世界，汉语终究是有层次性的。汉语的层次性，很大程度上通过话题结构的层次来体现（王建国，2013）。

1. 构建话题结构

（副词＋）形容词修饰名词的结构因为有修饰关系，存在层次性，将其处理为主谓结构，即语用角度的话题（topic，下文标记为 t）＋述题（comment，下文标记为 c）结构，取消了原文的层次感，可以提高译文的平整化程度，增强译文的流畅性。例如：

▌ **例5-1**

原文：

Low interest rates and plentiful deposits have also led banks in Asia to become more eager to increase the size of their loan books. Fierce competition has depressed retail interest rates sharply and compressed profit margins.

参考译文：

（a）低利率和充足的存款也导致亚洲银行变得更加渴望增加贷款规模。激烈的竞争大幅压低了零售利率，压缩了利润空间。

（b）由于［利率］t［较低］c，［存款］t［充足］c，亚洲银行希望进一步扩大贷款规模。但是，由于竞争激烈，零售利率大幅压低，边际利润大大缩水。

▌ **例5-2**

原文：

We believe the unexpectedly low default rate among Chinese local SOEs is unlikely to persist.

参考译文：

（a）我们认为，中国本土国有企业出人意料的低违约率不太可能持续下去。

（b）我们认为，［中国本土国有企业违约率］t［低得出人意料］c，这样的现象不太可能持续下去。

例5-1中，译文（a）对译了原文的偏正结构，层次性强，译文（b）则使用了主谓结构即话题结构，降低了原文结构具有的层次性，加强了平面感。例5-2当中，对于"unexpectedly low default rate among Chinese local SOEs"的处理，译文（a）依照原文将其处理成修饰结构，而译文（b）将其处理成话题结构，相较而言，译文（b）更加平整，流畅性更好。

2. 构建话题链

话题链是一种较为复杂的话题结构。汉语中存在大量的话题链，即一个话题引导两个或两个以上的述题，英汉翻译中主动构建话题链，能提高译文的流畅性。例如：

┃ 例5-3

原文：

He did look at it and into it for half an hour, Ø①was pleased with the situation and the principal rooms, Øsatisfied with what the owner said in its praise, and Øtook it immediately. (Jane Austen: *Pride and Prejudice*)

参考译文：

（a）他i里里外外看了半个钟头，地段和几间主要的房间j都很中他的意，加上房东k又把那幢房子大大赞美了一番，那番话l对他也是正中下怀，于是他i就当场租了下来。（王科一译）

（b）他i果真去了，Øi用半个小时把里里外外看了个遍，Øi对这里的位置和几间主房十分中意，又加上房主j一番赞誉之辞，Øi非常受用，Øi立刻就将房子租了下来。（罗良功译）

———

原文中主语为he，也即话题（不同的话题用不同的字母标示），并且后文都以零形式回指Ø，话题连续性高。王科一的译文中，话题变动频繁，话题由"他"，转为"地段和房间""房东""那番话"，再转为"他"。而罗良功的译文中，话题变动较少，整句话的话题基本上是"他"，只在"又加上房主一番赞誉之辞"处话题有所岔开。总体而言，罗良功的译文更符合汉语行文。

从某种程度上来说，用话题+述题结构来表述英语的修饰语+名词结构是一种很好的消除译文头重的技巧；主动构建话题链，则往往可以表达英语中的尾重表达，消除译文中可能出现的尾重现象，让结构平整化。例如：

┃ 例5-4

原文：

Jane pictured to herself a happy evening in the society of her two friends, and the attention of their brother; and Elizabeth thought with pleasure of dancing a great deal with Mr. Wickham, and of seeing a confirmation of everything in Mr. Darcy's looks and behaviour. (Jane Austen: *Pride and Prejudice*)

参考译文：

（a）吉英i心里只是想象着，Øi到了那天晚上，Øi便可以和两个好朋友促膝谈心，Øi又可以受到他们兄弟的殷勤侍候；伊丽莎白j得意地想到跟韦翰先生痛痛快快地狂跳一下，Øj又可以从达西先生的神情举止中把事情的底细看个水落石出。（王科一译）

（b）简i心里想象着这个夜晚该有多么快活，Øi既可以和两位女友促膝谈心，Øi又可以受

———

① Ø指零形式回指话题，下方i、j、k、l等标记表示不同的话题。

到她们兄弟的殷勤侍候。伊丽莎白j乐滋滋地想到，她j既可以跟威克姆先生纵情跳舞，Øj又可以从达西先生的神情举止中印证一下她所听到的一切。（孙致礼译）

（c）简i的脑海里浮现的却是另一幅快乐图景；Øi可以与两位朋友共度良宵，Øi还可以尽享宾利先生的殷殷眷顾。伊丽莎白j也充满了愉快的想象，Øj想到自己可以和威克汉先生一曲接一曲地跳舞，Øj想着从达西先生表情和眼神中印证心中的一切疑点。（罗良功译）

例5-5中"苔丝"引导一个话题链，其引出的次话题"脸颊上"，又引出一个话题链。整个译文较为流畅：

例5-5

原文：

"Look here; I won't walk another inch with you, if you say any jokes about him!" Tess cried, and the colour upon her cheeks spread over her face and neck. (Thomas Hardy: *Tess of the D'Urbervilles*)

参考译文：

"听着，你们要是拿他开玩笑，那我就一步也不同你往前走了！"苔丝i叫起来，Øi脸颊上j的红晕扩大了，从脸上j延伸到脖子上。（王忠祥和聂珍钊译）

3. 匀称结构

匀称结构包括各种对称结构和框式结构（王建国，2020），使用这样的结构可以让语句更加平整，符合汉语行云流水的平面审美。例如：

例5-6

原文：

James' tongue unloosed with the port, and he told his cousin his life, his prospects, his debts, his troubles at the little-go, and his rows with the proctors, filling rapidly from the bottles before him, and flying from Port to Madeira with joyous activity. (William Makepeace Thackery: *Vanity Fair*)

参考译文：

（a）詹姆士i喝了许多葡萄酒，Øi嘴也敞了。他i和堂哥哥谈起自己的生活情形和前途，Øi说到他怎么欠债，Øi小考怎么不及格，Øi跟学监怎么拌嘴，Øi一面说，Øi一面不停的喝酒。他i一忽儿喝喝葡萄酒，Øi一忽儿喝喝西班牙酒，Øi忙忙碌碌，Øi觉得非常受用。（杨必译）

（b）在红葡萄酒的作用下i，詹姆斯j的话多起来了，他j向堂兄谈了自己的生活、前途、债务、学位预考不及格、与监考人发生争吵等情况,j一边不断从自己面前的瓶子里倒酒,j把红白两种葡萄酒混搭着喝,j忙得不亦乐乎。(荣如德译)

就例5-6而言,杨译使用了以"詹姆士"为话题的话题链,并使用了"怎么"和"一忽儿"等匀称结构,同时,也消除了表示主次或并列关系的界限标记,如"with"和"and"等。而荣译逊色不少:大话题是"在红葡萄酒的作用下",不是"詹姆士";多个小句存在尾重现象,如"谈了自己的生活、前途、债务、学位预考不及格、与监考人发生争吵等情况",而这些尾重现象正好被杨译中的匀称结构所化解。

二、修饰式扩展

英汉翻译中有修饰式扩展,即使用与原文没有对应的修饰词夸大或缩小被修饰的对象,扩大受众的想象空间,这与汉语主观性强、审美重"心"有很大关联(王建国,2020)。

汉语中使用强势修饰词有语用功能,甚至有句法功能,如"这个人头圆"不如"这个人头很圆"读得顺。汉英翻译时,汉语强势修饰词容易被当成冗余而被删除不译,但英汉翻译时由于语用和句法所需,往往需要添加强势修饰词,扩大受众的主观想象空间,符合汉语主客交融的思维方式。例如:

┃ 例5-7

原文:

A black servant, who reposed on the box beside the fat coachman, uncurled his bandy legs as soon as the equipage drew up opposite Miss Pinkerton's shining brass plate, and as he pulled the bell at least a score of young heads were seen peering out of the narrow windows of the stately old brick house. (William Makepeace Thackery: *Vanity Fair*)

参考译文:

胖子车夫的旁边坐着一个当差的黑人,马车在女学堂发光的铜牌子前面一停下来,他就伸开一双罗圈腿,走下来按铃。这所气象森严的旧房子是砖砌的,窗口很窄,黑人一按铃,就有二十来个小姑娘从窗口探出头来。(杨必译)

┃ 例5-8

原文:

As the manager of the Performance sits before the curtain on the boards and looks into the Fair, a feeling of profound melancholy comes over him in his survey of the bustling place. (William Makepeace Thackery: *Vanity Fair*)

参考译文：

领班的坐在戏台上幔子前面，对着底下闹哄哄的市场，瞧了半晌，心里不觉悲惨起来。（杨必译）

三、词义显化式扩展

翻译中的词汇显化式扩展，是指词汇化程度高的英语词的词义需要用多个汉语词来表达。或者因为英语语法化程度高，英语某些词带有语法标记，而这些带有语法标记的词的词义需要多个汉语词语来表达。

1. 同义显化扩展

同义显化扩展，指译文用各种语义反复形式，如同义、近义或反义对立、叠词等来表达英语单个词的意义。这种扩展多少有些修辞色彩，如带来节奏感、对称感，体现了一定的主观性。例如：

▌例5-9

原文：

When Miss Pinkerton had finished the inscription in the first, Jemima, with rather a dubious and timid air, handed her the second. (William Makepeace Thackery: *Vanity Fair*)

参考译文：

平克顿小姐在第一本里面题赠完毕，吉米玛小姐便带着迟疑不决的样子，小心翼翼的把第二本也递给她。（杨必译）

▌例5-10

原文：

Worn with pain, and weak from the prolonged hardships which I had undergone, I was removed with a great train of wounded sufferers, to the base hospital at Peshawar. (Arthur Conan Doyle: *A Study in Scarlet*)

参考译文：

疼痛把我折磨得死去活来，一直在遭受着的艰难困苦也让我身体虚弱不堪。于是，和一大批伤员一起，我被送到了波舒尔的后方医院。（黄德远译）

2. 异义显化扩展

异义显化扩展，主要源于英语词义比汉语词义更加丰富（邵志洪，1996）。可显化的语义要素包括一个事件中可能存在的任何语义成分,例如:施动者(身份、职业、性别、社会关系、家庭关系、品质、状态、形状),受动者(身份、职业、性别、社会关系、家庭关系、品质、状态、形状),动作(过程、工具、方式、原因、目的、时间、地点)(王建国,2020)。例如:

▌例5-11

原文:

The curtain will be up presently, and he will be turning over head and heels, and <u>crying</u>, "How are you?" (William Makepeace Thackery: *Vanity Fair*)

参考译文:

不久开场做戏,汤姆又会出来连连翻斤斗,<u>嘴里叫唤着说</u>:"您好哇?"(杨必译)

例5-11中译文使用"嘴里"显化了动作方式。

王建国(2020)提到的显化扩展,一定程度上没有区分词层面和句层面的扩展(句层面的扩展参看本节关于"回述式扩展"的内容)。本书做了区分,如例5-11中,译文还显化了"又""出来",但这是句层面的扩展,与某个原文词的词义无关。

另外,无论是词层面还是句层面的扩展,一般与语境有关,语境影响其扩展度。如例5-11中的"cry"可以译为"大叫""嘴里叫唤着说""叫唤着说"等,译者的选择受到语境影响,甚至也受到其个人偏好的影响。

▌例5-12

原文:

We may <u>conclude</u>, from what we have seen of the intimate and complex manner in which the inhabitants of each country are bound together, that any change in the numerical proportions of the inhabitants, independently of the change of climate itself, would seriously affect the others. (Charles Darwin: *The Origin of Species*)

参考译文:

由此我们可以<u>得出这样一个结论</u>:生物数量比例上的任何一个变化,即使不考虑气候变化的影响,也将严重影响其他生物。(萧咏梅和秦德年译)

例5-12中"conclude"显化扩展出"得出""这样""一个""结论"等多个不同词义的词语。异义显化扩展类型很多,为了避免与王建国(2020)重复,且本书第四章第一节关于"单一词语隐含多个不同义结构的语义"的内容也可以参照,故而不多做例证分析。

四、排他式限制扩展

汉语术语和专有名词翻译成英语,英语本身就更有界限性,英译是在有界限性的基础上增强界限性,做到英译术语和专有名词具有极强的排他性。术语和专有名词的汉译,则因汉英差异,汉语相对英语有扩展性的特点,由此需要排他式限制扩展技巧,即控制汉语译文天然存在的扩展度,做到译文无歧义,不会产生更大的想象空间。

1. 使用范畴词限制扩展

▎例5-13

原文:

It was late in the night, and Merivale was sleeping soundly in his berth, when the train stopped at a lonely backwoods station in the wild country that lies between the Lower St. Lawrence and the northern boundary of New Brunswick.

参考译文:

当时,夜已深了,梅里韦尔躺在卧铺上,睡得正香。火车到达了一个车站,停靠在了站台边。这个车站地处圣劳伦斯河下游和新不伦瑞克省北部边界之间,位置很偏僻,四周全是荒郊野岭。(李相蓉,2021)

李相蓉(2021)认为,例5-13中"New Brunswick"这个短语中两个英语单词首字母为大写,具有标记作用,但是汉语无法体现英语首字母大写的标记作用。由于"New Brunswick"是位于加拿大东部的一个省,若是译成"新不伦瑞克",容易让不熟悉加拿大行政区划分的读者产生疑问:这个地方是一个城市,还是一个镇子?而"省"字可以看作是行政划分的界限标记,加强了译文的界限性和排他性。

再如,原文中的"St. Lawrence"既是加拿大东北部一条河流,也是一条航道的名称。[①]圣劳伦斯航道是北美洲五大湖人工航道系统的总称。加上"河"字,限定此处的"St. Lawrence"指的是圣劳伦斯河而非航道,具有排他性和界限性。

另外,这两个短语的译文,除了添加的标记词"省"和"河"之外,其他字,也并非完全是由音译而来的。因为若按照发音,英语有轻重音之分,汉字则有声调,这是无法对应的,即使是模糊对应,可选择的汉字也有多个,组合的方式也可能多样,而实际上汉字的选择和组合方式并不是随意的。首先,"圣劳伦斯"的选择遵循了一种传统,但这种传统也并非随意产生

---

① 圣劳伦斯(St. Lawrence):加拿大东北部一条河流和一条航道的名称。1534年,法国航海家雅克·卡蒂埃开辟了该航道,他首次发现这条航道时正值圣劳伦斯(St. Lawrence)的受难日(8月10日),第二年他又以航道名为圣劳伦斯河命名。

的。第一要保证其名字看起来像是一个外国名,第二要保证其不会产生不必要的联想,第三至少要保证其第一个字和最后一个字不能与整个汉译名词之前和之后的相邻字产生联想误配。若"St."译为"是的","New"译为"牛",结果如何是可以想象的。

2. 使用修饰词限制扩展

▌例5-14

原文:

Evasive Steering Support

参考译文:

(a) *避让转向辅助

(b) 紧急转向辅助(郑家昕,2021)

(c) 紧急避让转向辅助

郑家昕(2021)在搜索引擎上检索,没有发现"Evasive Steering Support"有对应的名词翻译,于是根据原专有名词中各单词的英文释义进行拼接得到译文(a)。但"避让"并没有精准体现"evasive"的释义,因为该术语的解释是:"当识别到潜在碰撞风险时,可加强驾驶员的紧急转向操作"。译文(a)的"避让"没有强调"紧急"这一概念,让读者误以为在一般状态下,也能进行转向辅助,扩展了原专业术语的语义界限。而改译后"紧急"则是限定了状况,增强了译文的界限性(郑家昕,2021)。不过,我们认为,"evasive"和"避让"都是指预期的结果状态,译文(c)有更强的语义界限,表达了预期结果状态,其在译文(b)的基础上添加修饰词"避让",更加明确了这种预期结果状态的发生条件。

3. 使用约定俗成译法限制扩展

术语和专有名词的翻译,首先必须查词典、网络上的资料等,查看是否已存在对应词,若译语本身就存在对应词,那就使用对应词。如"jail"更接近中国的"看守所、拘留所","prison"更接近"监狱",不能混淆。再如:

▌例5-15

原文:

Gordon Moore

参考译文:

戈登·摩尔(Gordon Moore)(郑家昕,2021)

此处的"Gordon Moore"是著名的摩尔定律的提出者。搜索引擎显示,目前广泛接受的译名为"戈登·摩尔"。然而,《世界人名翻译大辞典》中,"Gordon"根据不同国籍可译为"戈登""戈冬""戈尔东","Moore"则可译为"穆尔""莫勒""莫尔",两者合在一起并不一定是"戈登·摩尔"。由此可见,约定俗成的译名比通过权威词典查询所获得的译名更加具有排他性,更能准确回指特定的人。另外,中文译名中姓与名之间添加了"·"作为界限标记,避免了读者对名字长度、姓与名的误解。此外,在译名后加入了英文原名,也可以限定并提示读者这个名称的专有性(郑家昕,2021)。当然,这种做法,不是总有必要。

下面这个案例有些特殊:

▌例5-16

原文:

This product has been endorsed by the <u>National Quality Inspection Association</u>.

参考译文:

（a）该产品是全国质检协会推荐产品。

（b）该产品是中国质量检验协会推荐产品。

通过查询搜索引擎,发现没有"National Quality Inspection Association"和"全国质检协会"这样的单位,类似的单位是"中国质量检验协会",其英文名称为"China Association for Quality Inspection"。我们认为,英语原文可能是从汉语翻译过去的,其中"中国质量检验协会"没有采取官方的英语译文,回译时译者又没有查询汉语表达的官方版本。专有名词的汉译必须还原为其约定俗成的汉语名称,或者说必须遵循名从主人的原则。

4. 使用音译限制扩展

▌例5-17

原文:

Snow Peak

参考译文:

（a）雪峰（公司）

（b）雪诺比克（公司）（郑家昕,2021）

"Snow Peak"是家日本公司,业务涵盖户外服饰、家居生活餐具、杯具、户外帐篷睡眠用具、野营餐具炉具、照明灯具多个领域。郑家昕（2021）经搜索引擎查证后发现该户外服装品牌拥有两个译名,即"雪峰"和"雪诺比克",前者是对译英语词,而后者对译了"snow",但更多地采用了音译。但后来经搜索引擎再次查证,"雪峰公司"在中国更多地指向另一家名为"新疆雪峰科技"的公司,而不是我们要翻译的这家日本公司,这无疑不合理地扩展了语义界限。而"雪诺必克"则主要是通过音译得出的特殊性专有名词,唯一性与界限性更强,因此改译该名。

5. 使用特色词限制扩展

选词必须限制受众的想象空间,使用一些描写专有名词和术语特性的词,可以起到这种作用。提到过多次的"可口可乐"中的"可口"就是这样一个案例,通过"可口"的使用,受众至少能了解其为一种食品。但"百事可乐"则没有这个特点,受众能了解其为一种食品,还是得益于"可乐"已经是一种约定俗成的饮料名字。再如:

▌例5-18

原文:

Bernard Schlinquer

参考译文:

(a)伯纳德·施林克尔(Bernard Schlinquer)

(b)贝尔纳·施林克尔(Bernard Schlinquer)(郑家昕,2021)

郑家昕(2021)在搜索引擎上查询Bernard Schlinquer约定俗成的译名无果后,在《世界人名翻译大辞典》上分段查询 Bernard 与 Schlinquer,前者找到了相关译名"伯纳德",而后者则没有相关译名,通过音译得出了"施林克尔"的译名,于是有了译文(a)。但后来发现Bernard Schlinquer是法国巴黎人,再重新在《世界人名翻译大辞典》里查询,发现法语名称Bernard在中文中译为"贝尔纳",于是有了译文(b)。

由此可见,在翻译人名时,需要注意其国籍、性别、所处时代,找出具体的身份后,选取特色词,标记该人名,加强其界限性,控制其扩展度。

五、回述式扩展

回述,是相对英语而言的,指汉语表述相对英语对应表述时,表述内容回到事件发生的前端[①]。例如:

---

① 王建国(2016)提到汉语是动能导向的语言,需要增加势能才能获得更大的动能,并解释了汉语多用实词、多用实词反复形式,同时也解释了回述式扩展可以增加势能从而获得更大的动能,因为回述从心理力学的角度来看是汉语向上运动的方式,向上运动取得高度也就获得了更大势能。这似乎可以找到汉语文化上的联系,如尚古、敬上、拜权威。因此,这种回述方式在汉语中是较为普遍的。

┃ 例5-19

原文：

One cannot know what a man really is by the end of a fortnight. (Jane Austen: *Pride and Prejudice*)

参考译文：

（a）＊你不可能到两周结束时真正了解一个人。

（b）你不可能在两周里真正了解一个人。（孙致礼译）

例5-19中，译文（a）把"end"对译为"结束"，可接受性差，译文（b）表述退回到"两周里"，增强了可接受性。

回述扩展就语言对应而言，有两种可能：一是与原文无对译；二是与原文有对译。例如电影常有镜头：杀人者持枪对着被杀者说"you are a dead man"，然后开枪。"You are a dead man"显然相当于汉语的"我要杀了你""你去死吧"，汉语表述相对英语来说，是退回了杀人事件的前端。"我要杀了你"大体与原文无对译，"你去死吧"与原文的主语是对译的，大体也是与原文无对译的。

下面我们将从11个方面来讲述。

1. 确定转可能

把英语中含有确定性意义的说法翻译成有可能性意义的表述。例如：

┃ 例5-20

原文：

"Captain or mate, M. Morrel, I shall always have the greatest respect for those who possess the owners' confidence." (Alexandre Dumas, père: *The Count of Monte Cristo*)

参考译文：

"莫雷尔先生，"唐太斯回答道，"无论我做船长也好，做大副也好，凡是那些能获得我们船主信任的人，我对他们总是极尊重的。"（蒋学模译）

┃ 例5-21

原文：

Some had beautiful eyes, others a beautiful nose, others a beautiful mouth and figure: few, if any, had all. (Thomas Hardy: *Tess of the D'Urbervilles*)

参考译文：

　　有的姑娘眼睛漂亮，有的姑娘鼻子好看，有的姑娘嘴巴美观和身材秀美，但是如果说有人能够集众美于一身，那也没有几个人。(王忠祥和聂珍钊译)

2. 事实转条件

　　就例5-22而言，"inconsistencies""a complaint""results"等三个关键信息所表达的是一种事实状态，但不表示任何一种情况都会产生这种状态，属于不定的信息。译文(a)对译了原文，但是流畅度不高。而译文(b)通过增加"如果"这一连接词，将这三个不定信息处理成条件信息，将其条件化，读起来更加流畅。

▎例5-22

原文：

　　I consent to:

　　DIAC disclosing my personal information, including information about my health, to the radiologists/panel physicians who have examined me. The reasons for this disclosure will be to investigate inconsistencies between the radiologist and/or panel physician's examination and a previous/subsequent health assessment, to investigate a complaint against the radiologist or panel physician, and to follow up adverse results with the radiologist or panel doctor to ensure the quality of the work undertaken by Australia's panel physicians network.

参考译文：

　　(a) 我同意移民及公民事务部把我的个人信息包括健康状况向替我完成体检的放射科大夫和体检医师公开。公开之目的是调查放射科大夫和体检医师的体检结果与之前或之后某次健康评估之间的矛盾之处，调查对放射科大夫和体检医师的投诉，或者与放射科大夫和体检医师一道追查各种不利结果，确保澳大利亚体检医师系统的健康评估质量。

　　(b) 我同意移民及公民事务部把我的个人信息包括健康状况向替我完成体检的放射科大夫和体检医师公开。如果放射科大夫和体检医师的体检结果与之前或之后某次健康评估之间产生矛盾，公开可作盘查之用；如果放射科大夫和体检医师遭到投诉，公开可作调查之用；如果产生了各种不利结果，公开可作放射科大夫和体检医师进行追查之用，确保澳大利亚体检医师系统的健康评估质量。

　　在例5-23中，"achievements"和"demonstrations"都属于不定信息，译文(b)同样采用了条件化的技巧，提高了译文的流畅度。

例 5-23

原文：

Praising efforts of individuals or teams through personalized online Recognition Cards and eButtons, for <u>achievements</u> or <u>demonstrations</u> of the company's core values.

参考译文：

（a）对个人或团队在体现或展现本银行核心价值观方面所付出的努力，本银行会发放个性化表彰卡和"电子徽章"。

（b）个人或团体如果体现或展现本银行的核心价值观，可获得个性化的在线奖励卡和在线奖章。

3. 差比转平比

第四章谈到汉英翻译中往往是平比转为差比，而英汉翻译中往往是相反的。例如：

例 5-24

原文：

"True, Dantes, I forgot that there was at the Catalans some one who expects you <u>no less impatiently than</u> your father — the lovely Mercedes." (Alexandre Dumas, père: *The Count of Monte Cristo*)

参考译文：

"真是的，唐太斯，我怎么给忘记了，在迦泰罗尼亚人那里，还有一个人<u>也象你父亲一样</u>在焦急地期待着你呢——那可爱的美塞苔丝。"（蒋学模译）

例 5-25

原文：

"Only imagine me a captain at twenty, with a hundred louis pay, and a share in the profits! Is this <u>not more than</u> a poor sailor like me could have hoped for?" (Alexandre Dumas, père: *The Count of Monte Cristo*)

参考译文：

"想想看，我二十岁就能当上船长，薪水是一百金路易［法国金币名］，还可以分红利！这可是<u>象我这样的穷水手以前连想都不敢想</u>的呀。"（蒋学模译）

不过，我们通过查找香港理工大学的"译者培训语料库"（Translator Training Corpus），发现在英译汉中，大部分情况下，英文原文为比较级词汇，汉语译文同样呈比较级状态。也就是说，有些英语比较级词汇确实会在汉语译文中被翻译成原级，但是比例不大。相较于汉译英时，汉语原级词汇在英语译文中被翻译成比较级，而英译汉时，英语比较级词汇被翻译成汉语原级的比例会少很多。

原因在于：英汉翻译中，如将英文原文中的比较级词汇在汉语译文中还原成相应的比较级，除了形式上看起来更忠实之外，译文的意义也更容易与原文一样符合逻辑。

4. 否定转肯定

┃例 5-26

原文：

The district is of historic, <u>no less than</u> of topographical interest. (Thomas Hardy: *Tess of the D'Urbervilles*)

参考译文：

这块地方不仅地形引人入胜，它的历史也很有趣。（王忠祥和聂珍钊译）

┃例 5-27

原文：

Some dream, some affection, some hobby, at least some remote and distant hope which, though perhaps starving to <u>nothing</u>, still lived on, as hopes will. (Thomas Hardy: *Tess of the D'Urbervilles*)

参考译文：

有些梦想，有些纯情，有些偏爱，至少有些遥远而渺茫的希望，虽然也许正在化为泡影，却仍然还在不断地滋长，因为希望是会不断滋长的。（王忠祥和聂珍钊译）

5. 结果转过程

┃例 5-28

原文：

A black servant, who reposed on the box beside the fat coachman, uncurled his bandy legs as soon as the equipage drew up opposite Miss Pinkerton's shining brass plate, and <u>as he pulled the bell</u>, at least a score of young heads were seen peering out of the narrow windows of the stately old brick house. (William Makepeace Thackeray: *Vanity Fair*)

参考译文：

（a）胖子车夫的旁边坐着一个当差的黑人，马车在女学堂发光的铜牌子前面一停下来，他就伸开一双罗圈腿，走下来按铃。这所气象森严的旧房子是砖砌的，窗口很窄，黑人一按铃，就有二十来个小姑娘从窗口探出头来。（杨必译）

（b）车刚在平克顿女校闪闪发光的铜牌前停下，原先坐在驭者座上胖车夫身旁打盹儿的一名黑人听差，立即伸直他的两条罗圈腿，下车拉绳打铃；紧接着，这栋气派不小的老式砖楼里，至少有二十位姑娘探头朝狭小的窗外张望。（荣如德译）

原文中的"he pulled the bell"表示的是黑人按铃，是结果，在两个译文中，译者都将结果之前的过程翻译了出来，杨必译为"走下来按铃"，荣如德译作"下车拉绳打铃"，"走下来"和"下车"在原文中隐含在了结果里，两个译文都体现了汉语的过程取向。

6. 回答转疑问

例5-29

原文：

Upstairs, Marilyn opens her daughter's door and sees the bed unslept in: neat hospital corners still pleated beneath the comforter, pillow still fluffed and convex. Nothing seems out of place. Mustard-colored corduroys tangled on the floor, a single rainbow-striped sock. A row of science fair ribbons on the wall, a postcard of Einstein. [Lydia's duffel bag crumpled on the floor of the closet. Lydia's green bookbag slouched against her desk. Lydia's bottle of Baby Soft atop the dresser, a sweet, powdery, loved-baby scent still in the air. But no Lydia.] (Celeste Ng: *Everything I Never Told You*)

参考译文：

（a）楼上，玛丽琳打开女儿房间的门，发现床上似乎没有人睡过——羽绒被下面是边角折叠整齐的床单，枕头松软凸起，没有丝毫凌乱的痕迹。地板上胡乱扔着一条深黄色条绒裤子和一只彩虹条纹的袜子。墙上挂着科学展颁发的绶带，还有一张印着爱因斯坦头像的明信片。莉迪亚的帆布旅行袋堆在衣柜旁边的地板上，皱成一团，她的绿色书包摊放在书桌上。梳妆台上是莉迪亚的"柔宝宝"乳霜瓶，空气中还飘散着婴儿护肤品特有的香甜气味。然而莉迪亚却不见了。（孙璐译）

（b）走到楼上，妈妈打开女儿莉迪亚的房门，直往床上看去，不见女儿的人影。羽绒被下面的床单，边角折叠整齐，枕头依然松软凸起，一切都整整齐齐。转眼看去，只见地板上扔着一条深黄色条绒裤子，还有一只彩虹条纹的袜子；墙上，挂着一排科学展上的装饰带，还有一张印着爱因斯坦头像的明信片。那衣橱下面皱成一团的，分明是莉迪亚的帆布旅行袋，那摊靠在书桌上的，分明是莉迪亚的绿色书包，那梳妆台上、飘散着婴儿护肤品特有香甜气味的，分明是莉迪亚的"柔宝宝"乳霜瓶。可是,莉迪亚,你在哪呢?

王建国(2020)指出,原文的方括号中,多次反复使用"Lydia",而非使用代词替代,反映了强烈的语用含义:母亲丢了女儿,明知女儿不在房间,却反复在女儿房间各个角落来回察看,不想遗漏任何可能找到或者帮助找到女儿的信息,看到女儿的物品,睹物思人,母亲当时的心情可想而知。相比较而言,译文(a)并没有反映出这种语用含义,译文(b)通过问句式的回述,更能反映母亲那种迫切的心情,更能冲击读者的心灵。

7. 抽象转具体

英语中,抽象名词使用较多。抽象名词概括性强,界限性强,浓缩程度高。所以英语抽象词译成汉语时,往往要具体化回述。

例5-30(a)中出现了"的"名词短语结构,"的"其实具有界限功能,名词的界限性也强于动词,译文(b)将抽象名词转化成动词结构,即把抽象名词具体化,削弱了"的"和名词所带来的强界限性,更加符合汉语的特点,读起来更加流畅。

❚ 例5-30

原文:

Our commitment to applying our Values and the Code of Conduct to all aspects of our business is critical to delivering world-class performance ... and doing so with a larger purpose that makes a difference to the world we share.

参考译文:

(a)*我们遵循百事的价值观和行为准则的承诺对实现世界一流业绩的目标至关重要,我们这样做,是怀着更伟大的目标——改变我们共享的世界。

(b)我们承诺遵循百事的价值观和行为准则。这项承诺对实现世界一流业绩的目标至关重要,对我们改变世界的愿景也是至关重要的。

8. 被动转主动

英汉翻译中,被动意义转换为主动意义十分常见。例如:

❚ 例5-31

原文:

His ardour was nettled at the sight, for the act on her part had been unconsciously done. (Thomas Hardy: *Tess of the D'Urbervilles*)

参考译文:

见她如此,他的一团火气立刻发作出来,因为在苔丝那方面,她的动作完全是出于无心的。(王忠祥和聂珍钊译)

例5-32

原文:

The boy took up the basket, and as he set out the notes of a brass band <u>were heard</u> from the direction of the village. (Thomas Hardy: *Tess of the D'Urbervilles*)

参考译文:

小伙子拿起篮子,就在他要动身离开的时候,<u>听见</u>一阵铜管乐队的音乐声从村子的方向传过来。(王忠祥和聂珍钊译)

9. 已知转未知

上文多次提到英汉翻译与汉英翻译呈现出不对称性。目前发现,英汉翻译将英语已知信息转换成汉语未知信息的情况不多,或者说不容易找到。较为常见的方式是:将英语的修饰结构处理成汉语的主谓结构,将已知信息处理成新信息。例如:

例5-33

原文:

Her mother bore Tess no ill-will for leaving the house-work to her single-handed efforts for so long; indeed, Joan seldom up-braided her thereon at any time, feeling but slightly <u>the lack of Tess's assistance</u> whilst <u>her instinctive plan for relieving herself of her labours lay in postponing them.</u> To-night, however, she was, even in a blither mood than usual. There was a dreaminess, a preoccupation, an exaltation, in the maternal look which the girl could not understand. (Thomas Hardy: *Tess of the D'Urbervilles*)

参考译文:

苔丝把家务事留给母亲一个人做,在外面玩得这么久,但母亲并没有埋怨她。说实在的,琼从来都很少因为这个责怪女儿,她只是稍微感到没有苔丝帮忙,<u>要是想让自己干活轻松些,就只能把活儿推到后面去。</u>但是今天晚上,她好像比平常要快乐些。在母亲的脸上,有一种女儿不明白的朦胧恍惚、心不在焉和洋洋得意的神情。(王忠祥和聂珍钊译)

英语划线部分的信息是限定的,为已知信息,而汉语画线部分的信息处于谓语位置,从

语用的角度来看,就是述题(comment)位置,因而是未知信息。再如:

┃例 5-34

原文:

The importance of external wholesale funding for banks in these economies could exacerbate the pressure they face if their household loan books see increasing losses.

参考译文:

(a)如果这些国家的家庭贷款不断亏损,外部批发融资对银行的重要性可能会使这些国家压力倍增。

(b)由于外部批发融资对这些国家的银行至关重要,如果家庭贷款持续亏损,这些国家会面临更大的经济压力。

10. 说物转说事

┃例 5-35

原文:

He was a clever man; a pleasant companion; a careless student; with a great propensity for running into debt, and a partiality for the tavern. (William Makepeace Thackeray: *Vanity Fair*)

参考译文:

(a)他是个聪明人,谈吐非常风趣,可是不肯用苦功。他老是东借西挪,又喜欢上酒店喝酒。(杨必译)

(b)他是个聪明人,谈吐风趣,可是读书不肯用功;动不动就伸手借钱,好酒贪杯。(彭长江译)

原文用了一系列形容词和名词来进行人物刻画。其中,"a pleasant companion"在译文中扩展为:"谈吐非常风趣""谈吐风趣";"a careless student"则扩展为:"可是不肯用苦功""可是读书不肯用功"。

11. 演绎转归纳

┃例 5-36

原文:

Thank you for your support and your personal engagement in ensuring that PepsiCo remains a high-integrity company that delivers consistently strong performance the right way.

参考译文:

(a)感谢您的支持和参与,您的存在使得百事成为一家高诚信的、始终创造丰厚业绩的公司。

（b）百事公司一直享有很高的信誉，靠诚信创造了丰厚的业绩。这些成绩的获得，离不开你们的支持和参与。谢谢大家！（转引自王建国等，2009）

▌例 5-37

原文：

"Oh! Single, my dear, to be sure! A single man of large fortune; four or five thousand a year. What a fine thing for our girls!"

"How so? How can it affect them?"

"My dear Mr. Bennet," replied his wife, "how can you be so tiresome! You must know that I am thinking of his marrying one of them." (Jane Austen: *Pride and Prejudice*)

参考译文：

"噢！是个单身汉，亲爱的，确确实实是个单身汉！一个有钱的单身汉；每年有四五千镑的收入。真是女儿们的福气！"

"这怎么说？关女儿们什么事？"

"我的好老爷，"太太回答道，"你怎么这样叫人讨厌！告诉你吧，我正在盘算，他要是挑中我们一个女儿做老婆，可多好！"（王科一译）

替代转重复是一种回述方式，理由可参考第四章第二节中的解释。其也是保障英汉翻译表达流畅的一种重要衔接方式。

第二节　衔接与连贯

汉语的特点在于连续性强，因而必须处理好界限性强的英语结构。如何加强汉语的衔接与连贯，上文有所涉及，另可以参考王建国（2020）。

一、恰当处理英语界限标记

任何语言都存在实词和虚词，虚词往往只有程序意义，引导受众的理解。相对而言，英语中不仅使用大量的并列连词，也使用大量的介词等来作为不同语言结构层次的标记。同时，也使用话语标记语、标点符号来协助表达情感、态度，辅助受众获得相应的认知效果。这些标记是英语句子和篇章层面得到限定的显性标记，反映的是英语界限性强的特征。如 if 往往就是条件句的标记，反映其后的内容是假设的。相对而言，汉语的界限性较弱，因而英汉翻译时需要特别注意再现这些界限标记的功能，但又要尽量不对译这些界限标记，从而让语句变得更加平整，符合汉语审美要求。

1. 话语标记语

话语标记语主要有引导理解的功能,对说话人的情感或态度有限定作用。英语的话语标记语位置比较灵活,若对译,容易产生不流畅的译文。

例5-38

原文:

Spoofing, on the other hand, despatches intentionally misleading signals to a receiver of an antenna by making it accept false information.

参考译文:

(a)*欺骗,另一方面,则是令天线接收器接收虚假信息,故意向其发送误导信号。

(b)另一方面,欺骗则是令天线接收器接收虚假信息,故意向其发送误导信号。

例5-39

原文:

"Very kind of your mother, I'm sure. And I, for one, don't regret her step." Alec looked at Tess as he spoke, in a way that made her blush a little. "And so, my pretty girl, you've come on a friendly visit to us, as relations?"

"I suppose I have," faltered Tess, looking uncomfortable again.

"Well — there's no harm in it. Where do you live? What are you?" (Thomas Hardy: *Tess of the D'Urbervilles*)

参考译文:

(a)"你的母亲真是太好了,让你来告诉我这个。我也不会拒绝她让你来拜访我们。"阿历克说话的时候,打量着苔丝,把苔丝看得脸上有点儿发红。"所以,我漂亮的姑娘,你是以亲戚的身份来看望我们了?"

"我想是的。"她吞吞吐吐地说,又局促不安起来。

"哦——这没有什么不好。你们家住在什么地方?是干什么的?"(王忠祥和聂珍钊译)

(b)"你母亲真是太好了,真的。我嘛,觉得她能让你来,太对了。"阿历克说话的时候,盯着苔丝,盯得苔丝脸都红了。"那,美丽的姑娘,你是以亲戚的身份来看望我们?"

"嗯,是吧。"她吞吞吐吐地说,又局促不安起来。

"哦,那太好了。你们家住在什么地方?是干什么的?"

例5-39中，少女苔丝家里穷，上门认亲，碰到品德低下的阿历克，他们之间的对话一定程度上能反映两者的社会地位和人品。文中有多个话语标记语，译文（a）和（b）都没有对译"I'm sure""and""and so"，译文（a）对译了"I suppose"为"我想"，"well"为"哦"以及之后的"——"。译文（a）的对译和省译，似乎并没有像译文（b）那样更好地反映了两人初次见面时的心态和相互之间的距离感。

2. 标点符号

▎例5-40

原文：

"And you say your people have lost their horse?"

"I — killed him!" she answered, her eyes filling with tears as she gave particulars of Prince's death. "And I don't know what to do for Father on account of it!" (Thomas Hardy: *Tess of the D'Urbervilles*)

参考译文：

"你还说你们家的马死了？"

"我——是我弄死了它！"她回答说，在她详细说明王子之死的时候，眼睛里充满了泪水。"因为马死了，我真不知道要为父亲做些什么。"（王忠祥和聂珍钊译）

原文中"I"之后有"—"显然破坏了正常的结构"I killed him"，换言之，这里必须有些言外之意：她说话有些犹豫。译文中用"——"对译，基本能反映这种停顿。当然，若译为"我，我，弄死了它！"，通过反复也能反映说话人那种迟疑感。

▎例5-41

原文：

Then Sydney Post heard the four shotgun blasts. <u>He stopped.</u> <u>He turned around</u> and faced the wood from beyond which the sound of the shotgun blasts seemed to him to have come. (Peter Turnbull: *Phoney Friend*)

参考译文：

突然，四声枪响划破了这一片的宁静，悉尼·波斯特吃了一惊，停下脚步，回头看向那片小树林，枪声好像从那传出。

例5-41原文中"He stopped"与"He turned around and faced ..."，既可以如原文一样分开排列为两句，也可能把两者合并为"he stopped to turn around and face ..."。第一种排列，即原

文中使用"."来断句，而不是写成后者，表明"他"听到枪声，有更大的停顿，而不是直接回头看那片小树林。这种分成两句的写法，显然更符合常理，毕竟听到枪声不是有预谋的，而是突然的，他听到枪声会吃惊，需要缓过神才能四周张望，寻求枪声来处。

3. 连词、介词、（关系）代词、（关系）副词

有些连词也是话语标记语（参见第四章）。这里的连词主要有连接两个或多个并列或从属小句的逻辑功能。例如：

▎例5-42

原文：

"Now, if you will come on board, M. Morrel," said Dantes, observing the owner's impatience ... (Alexandre Dumas père: *The Count of Monte Cristo*)

参考译文：

"现在请您上船来吧，莫雷尔先生，"唐太斯说，他看到船主已经有点着急便说道，……（蒋学模译）

▎例5-43

原文：

If the Verification Test demonstrates that the performance of the Contract Product is in conformity with the design indices stipulated in Appendix I, such test shall be considered as qualified and both parties shall sign a Performance Quality Certificate in 4 Copies, 2 for each party.

参考译文：

经考核，合同产品的性能符合本合同附件一规定的技术参数，即通过验收。双方签署合同产品考核验收合格证书一式四份，各执两份。（转引自王建国等，2009）

例5-42和5-43都没有对译"if"，消除了标记，流畅性较好。不过，虽然消除界限标记是常态，但有些标记有特殊的语用功能，容易被误删。例如：

▎例5-44

原文：

There was a start and a troubled gleam of recollection and a struggle to arrange her ideas.

(Emily Brontë: *Wuthering Heights*)

参考译文：

（a）她一惊,<u>露出一种因回忆而苦恼的神色</u>,竭力使自己镇定下来。(杨苡译)

（b）她激灵了一下,随后因为想起了一些事情而<u>掠过一丝不安</u>,接着又强挣着想理顺自己的思绪。(张扬译)

　　无疑,杨译更为流畅,然而,其并没有体现出 "and" 在此处的语用功能。此处连用 "and",为非常规用法,表达了几种行为具有一定的时间间隔,而杨译中三种行为具有很强的连续性,有所偏离原文。张译,虽然冗长,但更为准确。

　　汉语代词往往比零形式更有断续感(李樱,1985),而英语代词若对译为汉语代词,会形成阻滞感,换言之,英语常用代词,是为了标记某种界限,若汉语有这种界限感,通常不符合汉语行云流水的审美观。例如：

▌例5-45

原文：

He was a man of twenty-five or twenty-six years of age, of unprepossessing countenance, obsequious to <u>his</u> superiors, insolent to <u>his</u> subordinates; (Alexandre Dumas: *The Count of Monte Cristo*)

参考译文：

（a）*<u>他</u>约莫有二十五六岁,<u>他</u>天生一副对<u>他</u>上级谄媚对<u>他</u>下级轻视无礼,不讨人喜欢的面孔。

（b）他约莫二十五六岁,天生一副对上谄媚对下轻视无礼,不讨人喜欢的面孔。

　　介词的使用会增加层次感,从而增强界限性。汉译时尽量不对译。例如：

▌例5-46

原文：

The old man was thin and gaunt <u>with</u> deep wrinkles <u>in</u> the back of his neck. (Ernest Hemingway: *The Old Man and the Sea*)

参考译文：

老人消瘦、憔悴,颈后有很深的皱纹。

▎例5-47

原文：

　　The rabbit-hole went straight on <u>like</u> a tunnel for some way, and then dipped suddenly down, so suddenly that Alice had not a moment to think about stopping herself before she found herself falling down what seemed to be a very deep well. (Lewis Carroll: *Alice's Adventures in Wonderland*)

参考译文：

　　那个兔子洞先一段是一直往前的，到了一个地方，忽然直往下拐，下去的那么快，阿丽思跑的又那么急，连想停都没来得及想也就顺着洞往一个好象很深的深井里掉了下去。（赵元任译）

　　一般意义上，汉语中没有类似于英语中的关系代词、关系副词，这些词也有界限标记功能。因为汉语没有对应词，任何译者都无法保留，此处也就不做案例分析了。

4. 语法标记

　　英语的语法标记有不少，包括动词时态、名词的数等。处理好语法标记，有助于汉译的衔接和连贯，提高译文的流畅性。例如：

▎例5-48

原文：

　　Immediately, and according to custom, the ramparts of Fort Saint-Jean <u>were covered</u> with spectators; <u>it is always an event</u> at Marseilles for a ship to come into port, especially when this ship, like the Pharaon, has been built, rigged, and laden at the old Phocee docks, and belongs to an owner of the city. (Alexandre Dumas père: *The Count of Monte Cristo*)

参考译文：

　　（a）圣·琪安海岛的平台上即刻挤满了看热闹的人。在马赛，一艘大船的进港终究是一件大事，尤其是象法老号这样的大船，船主是本地人，船又是在佛喜造船厂里建造装配的，因而就特别引人注目。

　　（b）圣·琪安海岛的平台上<u>当时就</u>挤满了看热闹的人。在马赛，一艘大船的进港<u>从来都是</u>一件大事，尤其是象法老号这样的大船，船主是本地人，船又是在佛喜造船厂里建造装配的，因而它要进港就更加引人注目。（转引自王建国，2020）

　　"It is always"是现在时，与过去时"were covered"形成对照，然而译文（a）并没有很清晰地反映出原文的这种时间界限,甚至没有时间转换的感觉,即时间的连续性很强。而译文(b)添加了相应的时间标记,反而不如译文(a)流畅(王建国,2020:40)。

▌例5-49

原文:

You had better return to your partner and enjoy her <u>smiles</u>, for you are wasting your time with me. (Jane Austen: *Pride and Prejudice*)

参考译文:

(a)你最好回到你的舞伴身边,去欣赏她的<u>笑脸</u>,别把时光浪费在我身上。(孙致礼译)

(b)你最好回你舞伴那去,看她<u>笑脸如花</u>,在我这浪费时间干啥呢。

译文(a)中,译者对“smiles”的处理经历了“smiles→smile→笑脸”过程,去除了复数标记之后,译为汉语的“笑脸”,从而模糊了原文复数的含义,形成了界限不清的扩展。不过,译文(b)的扩展度可能更加合适。当然,原理上也是处理了“smiles”的复数标记,但同时又扩展了复数标记所隐含的美感,产生了更好的效果。另外,“在我这浪费时间干啥呢”采用了回述式扩展,参看本章第一节关于“回答转疑问”的内容。再如:

▌例5-50

原文:

<u>The</u> successful fishermen of that day were already in and had butchered their marlin out and carried them laid full length across two planks, with two men staggering at <u>the</u> end of each plank, to <u>the</u> fish house where they waited for <u>the</u> ice truck to carry them to <u>the</u> market in Havana. (Ernest Hemingway: *The Old Man and the Sea*)

参考译文:

<u>当天有鱼获的几个渔夫</u>都已经回来了,他们将捕到的马林鱼剖腹处理后,摊平放在两块厚木板上,一头一个人<u>抬着</u>,两人抬着鱼摇摇晃晃地走进<u>鱼屋</u>,等着<u>冷冻车</u>来将他们载往<u>哈瓦那的市场</u>去。

汉语中没有冠词,原文中的几个定冠词有极强的界限性。译文实际上只是很明确地反映了第一个和最后一个定冠词的限定性即界限性,其他几个定冠词的限定性,此处表达并没有清晰地反映出来。同时,除了第一个定冠词,其他几个还由于译文无法反映出定冠词所修饰的名词的单复数,更加扩展了受众的想象空间。

二、使用汉语式衔接方式

前文提到纵向和横向构建话题结构，就是较为典型的汉语式衔接方式。除此之外，汉语有自身的思维方式和审美方式，不少词类有衔接功能，例如感官动词的使用可以做到主客交融，增强行云流水之感（王建国，2019b）。例如：

┃ 例5-51

原文：

She was shewn into the breakfast-parlour, where all but Jane were assembled, and where her appearance created a great deal of surprise — That she should have walked three miles so early in the day, in such dirty weather, and by herself was almost incredible to Mrs. Hust and Miss Bingley; (Jane Austen: *Pride and Prejudice*)

参考译文：

（a）她被领进了餐厅，只见他们全家人都在那儿，只有吉英不在场。她一走进门就引起全场人的惊奇。赫斯托太太和彬格莱小姐心想，这么一大早，路上又这么泥泞，她竟从三公里路开外赶到这儿来，而且是独个儿赶来的，这事情简直叫人无法相信。（王科一译）

（b）她被引进早餐厅，大家都在那儿，唯独不见简。她一露面，在场的人都感到惊讶。这么一大清早，这么泥泞的道儿，她居然独自一人步行了三英里。这在赫斯特太太和宾利小姐看来，简直令人难以相信。（张玲译）

原文第一句描写伊丽莎白进入"Bingley"家餐厅的画面，用"where"引导的定语从句来描述客观的画面，形成一种层次感。在汉语译文中，两译本分别加了感官动词"只见"和"见"，将客体视角转换为主人公的主体视角，即从伊丽莎白的视角出发来描述她眼中看到的画面，这样的描述方式增加了叙述的平面感，更加符合汉语的平面审美方式。

┃ 例5-52

原文：

Mrs. Durbeyfield was only too delighted at this tractability. First she fetched a great basin, and washed Tess's hair with such thoroughness that when dried and brushed it looked twice as much as at other times. She tied it with a broader pink ribbon than usual. (Thomas Hardy: *Tess of the D'Urbervilles*)

参考译文：

（a）德北太太见她这么听话，只有大喜。她先舀了一大盆水，把苔丝的头发洗了一遍，洗得非常得彻底，等到擦干梳光，头发都好像比平时多出一倍来。她挑了一根比往常宽的粉色带子。（张谷若译）

（b）杜伯菲尔德太太<u>见她依从</u>，心里高兴得了不得，急忙端来一个大脸盆，把苔丝的头发仔仔细细地洗了一遍，洗完弄干再梳理好，那头发竟比平时厚了一倍。她<u>又</u>给女儿用一条比平时宽一倍的带子把头发扎了起来。（孙法理译）

原文"this tractability"，语义为"顺从"，两位译者都不约而同使用了"见她"，分别译为"见她依从"与"见她这么听话"。另外，前文并没有发现类似情况，孙译却使用了"又"，添加了主观性。但这些做法都使得译文更加平整，加强了行云流水之感。

三、按照时序和逻辑顺序表述

图5-1为龚千炎（1994）所制，由于汉语主要是按照时序来叙述（戴浩一，1988），因而可以在时间的维度上给译者回述提供一定的指引。

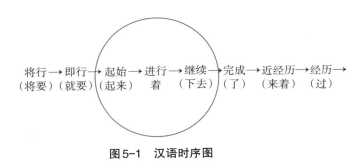

图5-1　汉语时序图

例如：

▌例5-53

原文：

She insisted upon Rebecca accepting the white cornelian and the turquoise rings, and a sweet sprigged muslin, which was too small for her now, though it would fit her friend to a nicety. (William Makepeace Thackeray: *Vanity Fair*)

（a）她<u>拿出</u>一只璁玉戒指，一只水晶戒指，一件短条子花纹的漂亮纱衣服，<u>逼着</u>利蓓加收下来。她说这件衣服她<u>穿不下了</u>，利蓓加穿<u>上</u>一定合适。（杨必译）

（b）她<u>执意要</u>丽蓓卡收下她的白玉髓戒指、绿松石戒指和一件漂亮的枝叶花薄纱衣，说这件衣服现在她<u>穿太小了</u>，而她的朋友穿正好合身。（彭长江译）

例5-53中，两位译者都按照时序和因果逻辑重新做了排列，保证了译文的流畅。但杨必的译文回述性更强，表述了"她拿出……，逼着利蓓加收下来。……说"，特意表述了事件的前端"她拿出……"。

当然，按时序和逻辑顺序表述，不仅仅体现在如上的构句上，有时译文中的无对应选词也反映了按时序或逻辑顺序表述的逻辑。例如：

▌例5-54

原文：

"I am afraid, Mr. Darcy," observed Miss Bingley in <u>a half whisper</u>, "that this adventure has rather affected your admiration of her fine eyes." (Jane Austen: *Pride and Prejudice*)

参考译文：

"我很担心，达西先生，"宾利小姐<u>低声怪气</u>地说道，"她的冒失行为大大影响了你对她那双美丽的眼睛的爱慕吧？"（孙致礼译）

例5-54中，"低声怪气"显化了宾利小姐的说话方式，但在原文中并无对应词。我们认为，这种修辞或主观色彩修饰词的使用，符合汉语重心的审美取向。同时，"低声怪气"也不是无源之水，有一定的回指功能，即是根据前文诠释出来的语气，这样表述符合时序和逻辑顺序。

第三节　英汉翻译中的"压缩"技巧

英汉翻译中的压缩，是具体语境中产生违反英汉翻译扩展方法的技巧。我们观察到的一些反例或所谓的反例，更多地体现在英汉翻译中。原因在于，汉英两种语言文化的不对称性。

汉语的主客不分，主观色彩更为明显。具体表现在：

（1）汉语抽象与具体界限不分明，导致识别存在问题。汉语中看似抽象的词，可以加量词而具体化。例如，"这个词有三分抽象，七分具象"。"抽象"和"具象"给人感觉是抽象词，然而，却可以通过量词而具体化。汉语抽象词的这种特点，实际上模糊了抽象词和具象词的认知界限。

（2）汉语悟性意识强，逻辑意识弱。通常逻辑性强的表达，不会被译者故意翻译为逻辑性弱的表达。

（3）汉语表达常常带有较强的主观性，表达的过程和结果都可能具有主观性。例如：

▌例5-55

原文：

Perhaps his grimness came from his knowledge that he didn't know what blood types were for. We still don't. <u>Not that science hasn't been very busy.</u> We can now change B-type blood to O type using an enzyme from a coffee bean.

参考译文：

也许严厉是因为他尚不知道血型的用处。今天的我们也不知道。这并不是说科学没有进步。现在我们能用一种咖啡豆中的酶把 B 型血变为 O 型血。

例 5-55 的画线部分译文，其实并不是不准确。只是，严格意义来讲，"busy"与"进步"，前者是形容词，后者是动词，动词的界限性更弱。这个译文仍然是扩展了的，但因为汉语的"忙"和"进步"都很难说清楚是具象还是抽象，不容易看出是回述扩展还是其他，可能会有学者认为这是英汉翻译需要扩展的反例。若直接考虑回述扩展翻译，译为"这并不是说科学一直原地踏步 / 止步不前 / 裹足不前"，似乎要生动不少，也能与原文隐喻式的表达呼应。当然，此处为否定句，否定句往往会造成反例印象。至于汉英翻译和英汉翻译使用否定如何造成反例印象，还需要深入探讨。

另外，一些看起来是反例的例证，与个人识别能力和方式也有关联。下面是几个由上海某重点大学 2019 级语言文化翻译课程部分学生认定的反例，且一一分析如下：

▎例 5-56

原文：

Unfortunately, forecasting interest rates is one of the most notoriously difficult parts of applied macroeconomics.

参考译文：

众所周知，预测利率无疑是应用宏观经济学中最为困难的部分之一。

学生评论：英文是"unfortunately"，而中文翻译却为"众所周知"，这也许是一个反例，在这里英文带有主观色彩，中文反而显得更客观。

分析：这个评论有些问题，"众所周知"，显然有人的主体参与视角，而且以"众人"来替代说话人的视角，很不客观。"unfortunately"虽然表达的是主观看法，但有事实基础，且也只是表达作者个人的看法。

▎例 5-57

原文：

The international flow of goods and services and the international flow of capital can affect an economy in profound ways.

参考译文：

产品与服务的国际流动和资本的国际流动都会深刻地影响一国经济。

学生评论：汉语重过程，而英语重结果，原文中"an economy"是一个经济体，为n，而汉语翻译成一国经济，为n＋1。

分析：显然，这也是学生没有了解作为可数名词的"economy"本来就指一国或一行政区域的经济所致。柯林斯（Collins）词典中对该词的解释为"the system according to which the money, industry, and trade of a country or region are organized"。例如："Zimbabwe is a highly industrialized economy."

例5-58

原文：

It votes on a target for this interest rate that will apply until the next meeting.

参考译文：

投票选出一个联邦基金利率目标，选出的利率目标将会生效，直到下一次会议为止。

学生评论：原文中使用的是"apply"，而中文译作"生效"，原文更加强调对这个利率目标的应用这一动作过程，强调的是人的主体性与能动性，而中文译文中直接n＋1至利率目标将会"生效"，反映的是客观世界的结果，强调的是对客体的呈现。此处同英文的客观性、结果导向性与中文的主体性、过程导向性是相反的。

分析：学生理解有误。"apply"一词就有"生效"的意思，如："If something such as a rule or a remark applies to a person or in a situation, it is relevant to the person or the situation." "The convention does not apply to us." "The rule applies where a person owns stock in a corporation."

例5-59

原文：

Ideally, the balance sheet would provide us with an accurate assessment of the true value of the firm's equity.

参考译文：

理论上说，根据资产负债表可以准确地评估公司股权的真实价值。

学生评论：中文翻译首先省略了主语，更主观，并且原文是明确说明了是负债表可以提供一些信息，而翻译出来的意思是可以根据负债表（给出的信息）进行评估，相对于英文原文往后更进了一步（是n＋1），似乎是课堂内容的反证。

分析：这是学生理解错误所致。原文与译文的意义大致是一致的，不是仅表示可以提供一些信息。

例 5-60

原文:

The bubble in house prices was largely fueled by mortgage lending practices.

参考译文:

住房市场价格泡沫形成的主要原因是房屋贷款政策的松懈。

学生评论:课堂上说中文重过程而英文重结果,英译中应该是 n−1,但在这里却是 n+1。反倒是原文更加含蓄一些。

分析:仅凭这句英文是无法判断贷款政策是松懈的。若前文有所交代,就是回指前文信息,这种回指本身即是 n−1。

例 5-61

原文:

Now is the right time for an adequate government reaction and this is a lesson that can be learned from China's quick recovery.

参考译文:

现在正是政府做出适当反应的合适时机,这也是中国快速复苏传递出的宝贵经验。

学生评论:合适时机和宝贵经验在英语中都是被提前的,而在汉语中则作为宾语后置。宝贵经验在汉语中强调了结果,而英语的 "learned" 短语则强调了过程。

分析:就传统而言,"right time" 和 "lesson" 及其对应的汉语在各自句中所做的句子成分并没有差异。至于 "learned",其显然要比 "传递出" 更具有结果导向。

例 5-62

原文:

In London, firms in the travel sector saw big falls.

参考译文:

在伦敦,旅游行业的公司股价大幅下跌。

学生评论:我觉得这个例子中中文的 "大幅下跌" 偏向于结果,或者说 "已经跌了,现在仍然在跌" 表示一种动作,而英文中 "saw big falls",意思是 "面临着巨大的下跌",表示一种状态,又或者说 "saw" 的过去式说明了它过去面临下跌,但现在不面临下跌了,它是一个过去时间点的动作,对于现在来说应该表示一种状态,这有一种英语是 n − 1,而中文是 n 的感觉。

分析:对 "saw big falls" 理解有误。其意义就是:已经大幅下跌。

┃例5-63

原文:

The art in economics is in judging when an assumption is clarifying and when it is misleading.

参考译文:

经济学的艺术在于判断简化的假设什么时候阐明了我们的思考和什么时候会误导我们。

学生评论:英文原文只有 "clarifying" 和 "misleading",但汉语翻译中多出了 "我们的思考",把英语原文中隐含的意思翻译出来了,也就是所谓的 n + 1。

分析:学生对 "judging" 理解有误,该词本身就含有思考的意义。

第四节　扩展的 "度"

扩展度,会受到原文交流语境(文本文体、内容、读者、译者、翻译目的及对策)的影响。本章第二节第一点中提及的多个案例,虽然提及如何让译文流畅,但并没有认定哪个译文更为合适,这是因为决定译文是否合适,需要看不少语境因素。

通常,越严谨的原文表述,扩展度越低;相反,越有文学性的原文表述,扩展度越高。例如:

┃例5-64

原文:

After confirmation of an order, Party B shall arrange to open a 100% Irrevocable L/C available by draft at sight in favor of Party A within the time stipulated in the relevant S/C. Party B shall also notify Party A immediately after the L/C is opened, so that Party A may make preparations for shipment.

参考译文:

在订单确认后,乙方应于有关销售确认书规定的时间内,安排开立以甲方为受益人的、百分百金额的、不可撤销的即期信用证,并于开证后立即通知甲方以便甲方准备装运。(转引自王建国等,2009)

合同行文严谨,不允许出现歧义,有严谨的界限性。为了保证其不产生歧义,在例5-64 中,有两个名词Party A(甲方)和Party B(乙方)。一般来说,使用原词重复,能够保持概念的 一致性,特别是在严谨度高的语篇中,有时用一个词连续表达同一个概念或事物,有体现排 他性和界限性的效果。原文较强的界限性,译文也不允许有任何产生可想象的空间。除了 原词重复之外,译文使用了多个修饰语(见画线部分)体现了原文所存在的强修饰关系和主 从关系。

例5-65主要是针对百事公司员工的一般性文件,其严谨度不如例5-64的合同,其翻译 的扩展度则显著增加:

▌例5-65

原文:

Our mission is to be the world's premier consumer products company focused on convenient foods and beverages. We seek to produce financial rewards to investors as we provide opportunities for growth and enrichment to our employees, our business partners and the communities in which we operate. And in everything we do, we strive for honesty, fairness and integrity.

参考译文:

我们立志使百事公司成为世界首屈一指、主营方便食品和饮料的消费品公司。在为雇 员、业务伙伴及业务所在地提供发展和致富机会的同时,我们也努力为投资者提供良性的投 资回报。诚实、公开、公平正直是我们所有经营活动所遵循的原则。

另外,例5-65原文中使用多个复数标记"s",译文中并没有刻意去体现,这也说明其严 谨度不如合同翻译。同时,该译文中也并没有如例5-66译文(b)那样,用"一个个"来体现 这种复数意义,这似乎又说明文学作品可以增加扩展度,体现文学色彩。

▌例5-66

原文:

The stage of mental comfort to which they had arrived at his hour was one wherein their souls expanded beyond their skins, and spread their personalities warmly through the room. (Thomas Hardy: *Tess of the D'Urbervilles*)

参考译文:

(a) 他们那时所达到的欢畅阶段是:神游身外,脱缺形骸,满眼生花,满室生春。(张谷若译)

(b) 这时候,他们已经到了心旷神怡的阶段,一个个魂灵超脱了形骸,在屋里热切地表现

自己的个性。(孙致礼译)

孙致礼(2002)主张"21世纪的中国文学翻译,将进一步趋向异化译法",就是尽量传译原文的异域文化特色、异语语言形式,以及作者的异常写作手法。他认为,译文5-66(a)大量使用汉语四字结构,改变了原作的风格,还引起了意义上的失真。译文(b)则"从形式到意义跟原文都比较吻合"。孙致礼(2003)认为当代读者更青睐异化翻译。

译文5-66(a)与(b)比较,显然前者更加扩展。四字格的使用更加匀称,"满眼生花,满室生春"更是"锦上添花"(孙致礼,2002)。这个案例充分地反映了译者的价值观、翻译目的,甚至时代、受众对英汉翻译扩展度的影响。

第五节　小　结

英汉翻译中的扩展包括实词的概念意义扩展和使用虚词体现程序意义的扩展,也可以从词的层面、句的层面、章的层面来看。从词、句层面来看,实际上是谈词的意义扩展和句的意义扩展,而篇章层面,似乎是汉语多用零形式重复,会增加意义的不确定性,而扩大受众的想象空间,即为篇章层面的扩展。

本章第二节中关于"恰当处理英语界限标记"的内容比较典型地反映了汉英一些与语法特别相关的差异是很难处理的,即很难做到忠实与通顺两全,关于"使用汉语式衔接方式"的内容也反映了这个道理。

思考题

1. 请通过翻译例证讨论:英汉翻译中的扩展不是指形式扩展,即不是指添加了某种语言或非语言形式,英汉翻译的扩展有可能通过形式添加,也可能通过形式的删除来实现。

2. 如何理解英汉翻译和汉英翻译的方法和技巧有一定程度的互逆性?

第六章
翻译中的文体意识[①]

各种文体翻译有共性，也有个性。共性是指，不论何种文体，其翻译问题都是因为两种语言文化存在差异，都是翻译意义，会表现出第三章指出的各种不考虑具体语言差异、不考虑具体翻译方向的翻译共性，同时，就汉英翻译和英汉翻译而言，还会表现出第四章、第五章所描写的共性；个性是指，不同文体有自身的特征，给翻译带来了个性问题。

通常，界限性越强的文体文本，汉英文本特征越相似，译者就越会尽量去保证其强界限性，排除歧义，缩小受众的想象空间。因而，这种文体文本的翻译，尽管汉译和英译的方法是逆反的，但翻译目的相似。如专有名词的汉译和英译都需要保证原文所体现的专有性即界限性或排他性，但汉译技巧是控制汉语相对英语而天然有的扩展性的度，英译技巧是调节英语相对汉语而天然有的界限性的度。另外，汉译和英译都会参照受众传统文化或原有的译法，表现出回顾意识，同时也会考虑当下受众的接受度，表现出前瞻意识。不过，需要再次提醒，汉语和英语的前瞻意识和回顾意识都受到了界限意识强弱的制约，还是会表现出汉英的基本差异。

同时，文化关联度越强的文体文本，汉译和英译的技巧越不同，这主要是因为汉语受众和英语受众对对方的文化了解程度和期待程度相异。同等情况下，受众越了解或越期待了解原文文化，给译文加文内和文外解释的必要性越小，反之，越大。当前，汉语受众比英语受众更了解，甚至更期待了解英语文化。因而，汉英翻译需要加注的可能性更大，英汉翻译则更小。这表现出汉译和英译的不对称性。

本章第一节将例示影视、商务、科技、政治文献以及法律等文本的英译和汉译的共性，第二节将例示各种文体文本英译和汉译的个性。

在翻译中，增强或减弱界限性主要通过两种形式，即语言形式和非语言形式。从语言形式上增强界限性，可以从词、句和章的角度去考查。词又可分为实词和虚词，实词中名词的界限性最强，虚词往往用作界限标记。句和章都可分为常用句式或格式和非常用句式或格式。

---

① 本章不讨论英汉和汉英文学作品的翻译。本书提到的翻译方法和技巧都根源于英汉和汉英文学翻译的观察，适用于文学翻译。

标记可分为词汇标记和语法标记,通常有标记的实词的界限性强于无标记的实词。词汇标记主要包括范畴词、虚词(介词、连词、部分副词、代词),语法标记包括名词单复数、动词时态、形容词的差比标记等。

从文体角度来看,专有名词和术语使用的频率也是界限强弱的一种表现。频率高的界限性强,频率低的界限性弱。

句和章主要指常用的句式和篇章结构。例如,使用法律常用的句式和篇章结构,本身就是表示强界限性。非语言形式主要包括标点符号、空格以及英语字母的大小写等。语言形式和非语言形式一起或主要是语言形式使用所形成的节奏、韵律、风格,都可以形成特色而产生界限性。

第一节　共　性

本章提及的影视、商务、科技、政治和法律等文体文本中,影视(包括电影、电视、纪录片、动画等)文本的文学性最强,科技、政治和法律文本则都非常严谨,商务文本更为特殊,其包含了多种体裁文本,但这些文体文本的翻译都遵守汉译方法和英译方法,并体现出汉译技巧和英译技巧。共性如下:

(1)无论何种文体,汉英翻译方法都是压缩,英汉翻译方法都是扩展。它们的技巧都是具体翻译事件中由翻译目的、策略调节方法之后的压缩或扩展技巧。

(2)都存在一定的灵活性。严谨、严肃的文本,其翻译的压缩度大,扩展度小,灵活性小;而文学性强的文本,其翻译的压缩度小,扩展度大,灵活性大。

一、汉英影视翻译

1. 界限性压缩技巧

(1)分类式压缩。

┃ 例6-1

原文:

　　赛里木:古丽仙的妈妈不同意我跟她好

　　　　　　想找个有钱有背景的

　　　　　　可我只有背影

　　克里木:我说你就别难过了

　　　　　　咱们这次去城里

　　　　　　把钱挣上了　　你还愁啥呢

参考译文：

　　Sailimu: Gulixian's mom doesn't approve of me dating her daughter.

　　　　　　She wants to find her a rich husband of a higher status.

　　　　　　Whereas I've only a high stature.

　　Kelimu: I say, just leave it at that.

　　　　　　This time around in town.

　　　　　　We'll make it rich, real big time.（《钱在路上跑》06:46）

▎例6-2

原文：

　　讲一个世界

　　不羡慕另一个世界

参考译文：

　　People in the world

　　don't admire the heaven.（《赵士林：向〈论语〉借智慧》35:26）

　　例6-1中，"有钱"和"有背景"，译者根据性质不同，并结合下文意义的传递思路，分别译为前置定语（rich）和后置定语（of a higher status）。

　　例6-2中的两个"世界"这一词语，分别指人间和仙界。译者并没有将两个"世界"词语统译为"world"，而是根据意义分类译为"the world"和"the heaven"。

　　（2）意义重复且无明显意向语用效果的结构不对译。

▎例6-3

原文：

　　打啥仗啊打仗

参考译文：

　　Why fight?（《战狼》33:57）

　　（3）词义隐含式压缩。

▎例6-4

原文：

　　你们已经非法入侵

参考译文：

You are trespassing.（《战狼》44:57）

▌例6-5

原文：

可你从不曾低头看他一眼

参考译文：

(a) *But you never bowed your head to cast your eyes on him.（《唐卡》58:38）

(b) But you never cast your eyes on him.

▌例6-6

原文：

那我去求天尊解咒

参考译文：

I'll convince him to have it removed.（《哪吒之魔童降世》15:18）

例6-4中"非法""入侵"被"trespass"所隐含。例6-5（a）中"bow your head"，意义被"cast your eyes"所隐含，不必对译原文。例6-6中，"求"强调的是请求，"convince"意为"说服，使某人信服"，隐含了"求"的语义。

（4）排他式压缩。

▌例6-7

原文：

用儒家的讲法

叫"内圣外王"

"内圣"就是做好人啊

参考译文：

According to *Analects* and Confucianism

Nei Sheng means that

People should be a man of honour.

How about "Wai Wang"?

People should do good.（《赵士林：向〈论语〉借智慧》26:38）

例6-8

原文：

　　他要走<u>龙巴门</u>　我先回<u>寨子</u>去叫人

参考译文：

（a）*He wants to go to <u>Long Ba Men</u>, let me first go back to <u>the village</u>.（《云南故事》14:04）

（b）He wants to go through Long Ba Gate. I'll go back to the village for help.

例6-7中，"内圣""外王"某种意义上是儒家学说的专有名词，此处都有解释，由此，两个词的音译能起到很好的排他压缩效果。不过，该例的译文总体上有问题，如"do good"表意含糊。例6-8中，"龙巴门"是个专有名词，直接音译，不如用"gate"来对译"门"这个范畴词，这样，受众能更加清楚"他"要去何方。毕竟，该电影中并没有对"龙巴门"进行解释。

在讨论少数民族影片片名翻译时，吴碧宇等（2016）指出，为了增强界限性，最好能体现出少数民族特色。如电影《一代天骄成吉思汗》，其中"成吉思汗"的英译最好能使用"Genghis Khan"，不仅能反映少数民族特色，也体现了英语世界通用的形式，增强了界限性。

（5）前瞻式压缩。

例6-9

原文：

　　那<u>舒痕胶</u>里　<u>放了分量不轻的麝香</u>

参考译文：

The balm <u>contained a fair amount of musk</u>.（《甄嬛传》第4集3:31）

例6-10

原文：

　　<u>头发剪得蛮精神的</u>

参考译文：

<u>You look dashing in your haircut</u>.（《我不是药神》1:07:50）

例6-11

原文：

　　我知道　<u>收视率肯定没有问题</u>

参考译文:

I understand. More people will watch this program.(《天籁梦想》50:05)

▎例6-12

原文:

但是现在好了

参考译文:

Now everything is going better.(《我不是药神》52:13)

例6-9中,"放"强调的是动作,"contain"意为"含有,容纳",强调的是最终呈现出来的结果。例6-10中,"剪得"显化了过程,而译文强调的是最后的效果。例6-11的译文直接说出了原文想要的结果。例6-12中,"好"处理成"better",平比变成了差比。

2. 衔接和连贯

(1)话语标记语。

▎例6-13

原文:

我说我今天差点摔死了

参考译文:

I said I almost died today.(《幸福额度》50:05)

(2)逻辑连词、关系代词、介词。

▎例6-14

原文:

出了岔子

谁都没药吃

参考译文:

If something goes wrong,

none could possibly get any more drugs.(《我不是药神》25:25)

▎例6-15

原文：

> 对我们女人来讲
>
> 要找到一个男人　能够给我们幸福
>
> 是非常困难的

参考译文：

> For us women,
>
> It is very difficult to find a man
>
> Who actually can give us happiness.（《幸福额度》30:49）

例6-14和6-15的汉语原文并没有特别明显的层次感，但译文都通过连词、介词或关系代词表述出某种层次感来。

（3）汉语式衔接词的处理。

▎例6-16

原文：

> 我先走啦　你自己慢慢吃

参考译文：

> I gotta go. Enjoy yourself!（《幸福额度》40:31）

▎例6-17

原文：

> 不是说这次行动他亲自押运吗

参考译文：

> I was told he would be the escort himself in this mission.（《战狼》46:24）

▎例6-18

原文：

> 搞一下不就知道了吗

参考译文：

> Let's check it out.（《战狼》28:34）

（4）重复转替代。

▎例6-19

原文：

> 晓红：你不要碰我
>
> 男：好
>
> 　　不碰

参考译文：

> Don't touch me!
>
> OK.
>
> Fine.（《幸福额度》19:13）

▎例6-20

原文：

> 他对士兵的要求很宽松的　不需要你放哨
>
> 不需要你这样　不需要你那样

参考译文：

> He was not strict with the soldiers.
>
> He didn't ask the soldiers to stand sentry
>
> Or Ø do other things.（《赵士林：向〈论语〉借智慧》17:00）

例6-19中的"不碰"，第二次重复时，译为"fine"。例6-20中的"不需要你"，第二次和第三次都没有重复对译，而是用零形式替代。

二、英汉影视翻译

1. 界限性扩展技巧

（1）平行式扩展。

▎例6-21

原文：

> By building his wall, he challenged my strength.

参考译文：

> 他不断修筑长城　向我挑战（《花木兰》26:20）

例6-21中抹除了清晰的主次界限,形成一个由"他"引导的话题链。

（2）修辞式扩展。

▌例6-22

原文:

I am scared.

参考译文:

我很害怕(《定居者》6:01)

▌例6-23

原文:

One might even go as far as to call it a "blood feud".

参考译文:

甚至可被称为"血海深仇"(《枪战之死》9:05)

（3）词义显化式扩展。

▌例6-24

原文:

Just drop me. I'll meet you in the next valley.

参考译文:

放我下来 我们在下一个山谷见(《盖亚》4:30)

"drop"显化为过程"放"和结果"下来"。

（4）排他限制式扩展。

▌例6-25

原文:

a former research and development executive for Rathcart Computers

参考译文:

拉查电脑公司的前研发主管(《枪战之死》26:08)

"Rathcart Computers"的译文加上范畴词"公司",受众可以直接明白该单位的性质。

（5）回述式扩展。

┃例6-26

原文：

Mulan, you should already be in town.

参考译文：

木兰　你早该进城了（《花木兰》4:34）

┃例6-27

原文：

You lock the door behind me.

参考译文：

我走后你把门锁上（《定居者》17:04）

┃例6-28

原文：

Guess he should have known better.

参考译文：

谁叫他不识相（《绿皮书》19:48）

例6-26的原文"in town"是结果状态，译文"进城"回述了"进"的过程；例6-27中的"behind me"，其译文回述了过程"走"；例6-28是差比转平比。

2. 使用汉译衔接和连贯手段

（1）恰当处理英语界限标记。

┃例6-29

原文：

The Spanish friend of William: Amigo, only you would carry a stupid magnet through the desert.

William: I can use it to make a compass.

参考译文：

威廉的同伴：哥们　你背块破石头过沙漠啊

威廉：我能用它做个指南针(《长城》5:05)

（2）使用汉语式衔接方式。

例6-30

原文：

> Ballard: He should be careful with her.
>
> She's very powerful here.
>
> Tovar: Then it is a fair contest.

参考译文：

（a）双语版中文字幕：

巴拉德：得防着她

她可不省油

托瓦尔：正好　我们也不省油

（b）国语版中文字幕：

巴拉德：这个女人　你得防着一点

她可不是省油的灯

托瓦尔：正好　我们也不省油(《长城》34:34)

例6-30的两个版本都使用了汉语好重复的衔接方式，重复了"不省油"。

（3）按时序和逻辑顺序表达。

例6-31

原文：

> We will be sending a real dragon to retrieve Mulan.

参考译文：

我们要派真正的龙去找木兰(《花木兰》22:46)

例6-32

原文：

> Perhaps you could let me out so that we could discuss the situation further.

参考译文：

能否把我放出去　然后我们好好谈谈(《绿皮书》1:27:15)

三、汉英商务翻译

1. 界限性压缩技巧

（1）分类式压缩。

▎例6-33

原文：

楼盘紧邻京广中心、嘉里中心、国贸中心，周边遍布豪华星级酒店和购物中心。（常玉田，2010）

参考译文：

The estate has in its neighborhood some deluxe hotels such as Jing Guang Centre, Shangri-La's Kerry Centre Hotel, Beijing, and shopping centres like China World Trade Centre.

▎例6-34

原文：

鼓励和支持有比较优势的各种所有制企业对外投资，带动商品和劳务出口，形成一批有实力的跨国企业和著名品牌。

参考译文：

We should encourage and help relatively competitive enterprises with various forms of ownership to invest abroad in order to increase export of goods and labor services and bring about a number of strong multinational enterprises and brand names.（CCL 汉英双语语料库）

例6-33中对"酒店"和"购物中心"重新分类，受众理解更清晰。例6-34中原文并没有明显的主次关系，但译文中有多次表述能体现明显的主次关系，如"in order to"。

（2）修饰词语义删除。

▎例6-35

原文：

积极推动"口岸电子执法系统"建设

参考译文：

accelerating the Construction of China E-Ports（CCL 汉英双语语料库）

柯林斯网络词典就"accelerate"一词给出两个释义：一是"to cause faster or greater

activity, development, progress, advancement, etc.", 如 "to accelerate economic growth"；二是 "to hasten the occurrence of", 如 "to accelerate the fall of a government"。根据这两个释义,可以认为修饰词 "积极" 的语义并没有完全体现在译文中。

（3）词义隐含式压缩。

▌例6-36

原文：

中国将进一步降低关税,提升通关便利化水平,削减进口环节制度性成本,加快跨境电子商务等新业态新模式发展。

参考译文：

We will take further steps to lower tariffs, facilitate customs clearance, reduce institutional costs for imports, and step up cross-border e-commerce and other new forms and models of business.（《习近平谈治国理政》）

（4）排他式压缩。

▌例6-37

原文：

根据美国商务部的统计,香港是2000年美国在海外直接投资第七大收入来源地,而盈利能力则是最高的,达21.1%。

参考译文：

According to statistics released by the US Department of Commerce, in 2000 Hong Kong was the seventh largest source of income of America's overseas investment, and it registered the highest profit-making capacity of 21.1 percent.（CCL汉英双语语料库）

▌例6-38

原文：

第十三条 备案申请经审核合格后,旧机电产品需由商务部、国务院有关部门或者地方机电产品进出口管理机构签发进口证明文件的,备案机构出具《进口旧机电产品拟备案工作联系单》,收货人或者其代理人到相关部门取得进口证明文件后,备案机构予以备案;

参考译文：

Article 13 After the record-keeping applications survive the examination, if the used mechanical and electrical products have to obtain the import certification documents issued by the Ministry of Commerce, the relevant department(s) under the State Council or the local administrative organs in charge of import and export of mechanical and electrical products, the record-keeping administrations will issue the Contact Form on the Proposed Record-keeping for Import of Mechanical and Electrical Products.（CCL汉英双语语料库）

综合两个例证来看，美国的商务部和中国的商务部有不同的说法，美国的国务院（U.S. Department of State）和中国的国务院也如此。译文体现了这些，反映出译者的界限意识。

（5）前瞻式压缩。

例6-39

原文：

请用美元报上海港到岸价，包括我方5%的佣金。

参考译文：

Please let us have your quotation in USD on the basis of CIF Port Shanghai including our 5% commission.（转引自王建国等，2009）

原文是请报价，译文让我们得到报价，原文行为是译文行为的前提，译文更有前瞻性。

2. 衔接和连贯

（1）话语标记语。

例6-40

原文：

美国联合航空公司与合众国航空公司的合并加强了美联航在美国东部的地位。否则，要在美国东部获得如此大的市场份额，美国联合航空公司必须经过长期奋斗，并付出高昂的代价。（译者培训语料库）

参考译文：

United Airlines' pairing with US Airways, for instance, strengthens its position in the East, where it would have had a long, costly fight to gain market share.

例6-40的译文中使用了"for instance"这个话语标记语。

（2）介词、连词和关系代词。

例6-41

原文：

我们本钱少，但可以通过开放，增加就业，搞税收，利用地皮得点钱，带动发展各行各业，增加财政收入，获得益处。

参考译文：

We have only a small amount of capital, <u>but</u> <u>with</u> our doors open we can create more jobs, levy taxes <u>and</u> earn some money <u>by</u> leasing land, all of <u>which</u> will promote economic development and increase our revenue.（CCL 汉英双语语料库）

译文中使用了多个介词、连词和关系代词作为界限标记，增强了界限性。

（3）标点符号。

例6-42

原文：

海河边的天津，"三绝"之一是桂发祥的十八街大麻花。

参考译文：

One of the "Three Uniques" — three snacks — of Tianjin located by the Haihe River is the big mahua (fried dough twists), which was first developed by a Liu family operating in the Shibajie (the 18th Street) in the early 1900s. Now the proprietor and operator of this food is the Gui Fa Xiang Company, Tianjin.（常玉田，2010：300）

译文中的破折号和括号，框住了解释之内容，有界限标记功能。

（4）汉语式衔接词的处理。

例6-43

原文：

但业务中使用的大多数 PC 机都没有得到充分使用，而且<u>也</u>很贵。

参考译文：

But most PCs used in business are underutilized and expensive.（CCL 汉英双语语料库）

"也"是典型的汉语式衔接词，其意义虚虚实实，因而并不总是与意义很实在的"also"

或"too"对应。此处的"也"没有实际意义，只有衔接功能，即使删除，也不影响原意表达。

（5）重复转替代。

┃例6-44

原文：

中国决定扩大进口非洲商品特别是非资源类产品，支持非洲国家参加中国国际进口博览会，免除非洲最不发达国家参展费用；继续加强市场监管及海关方面交流合作，为非洲实施50个贸易畅通项目；定期举办中非品牌面对面活动；支持非洲大陆自由贸易区建设，继续同非洲有意愿的国家和地区开展自由贸易谈判；推动中非电子商务合作，建立电子商务合作机制。

参考译文：

We will increase imports from Africa, especially non-resource products. We support African countries' participation in the China International Import Expo. The least developed African countries participating in the Expo will be exempted from exhibition stand fees. We will continue to strengthen exchanges and cooperation on market regulation and between customs authorities, and implement 50 trade facilitation programs for Africa. On a regular basis, we will hold marketing activities for Chinese and African brand products. We support the building of the African Continental Free Trade Area and will continue to hold free trade negotiations with interested African countries and regions, and we will set up relevant mechanisms to promote e-commerce cooperation with Africa.（《习近平谈治国理政》）

┃例6-45

原文：

中国坚持经济全球化正确方向，推动贸易和投资自由化便利化，推进双边、区域和多边合作，促进国际宏观经济政策协调，共同营造有利于发展的国际环境，共同培育全球发展新动能，反对保护主义，反对"筑墙设垒""脱钩断链"，反对单边制裁、极限施压。

参考译文：

China adheres to the right course of economic globalization. It strives to promote trade and investment liberalization and facilitation, advance bilateral, regional, and multilateral cooperation, and boost international macroeconomic policy coordination. It is committed to working with other countries to foster an international environment conducive to development and create new drivers for global growth. China <u>opposes</u> protectionism, the erection of "fences and barriers," decoupling, disruption of industrial and supply chains, unilateral sanctions, and maximum-pressure tactics.（党的二十大报告）

例6-44中用"relevant"来替代"e-commerce cooperation"。例6-45中"共同"和"反对"的多次重复,都被译者以综合方式,分别用"working with other countries"和"opposes"替代。

四、英汉商务翻译

1. 界限性扩展技巧

（1）平行式扩展。

例6-46

原文:

Discrepancy: In case of *quality discrepancy*, claim should be *lodged* by the Buyers within 30 days after the arrival of the goods at the port of destination, while for *quantity discrepancy*, claim should be lodged by the Buyers within 15 days after the arrival of the goods at the port of destination. In all cases, claims must be accompanied by *Survey Reports* of *Recognized Public Surveyors* agreed to by the Sellers. Should the responsibility of the subject under claim be found to rest on the part of the Sellers, the Sellers shall, within 20 days after receipt of the claim, send their reply to the Buyers together with *suggestion for settlement*.

参考译文:

（a）异议:<u>品质异议</u>须于货到目的口岸之日起30天内提出,<u>数量异议</u>须于货到目的口岸之日起15天内提出,但均须提供经卖方同意的公证行的检验证明。<u>如责任属于卖方者</u>,卖方于收到异议20天内答复买方并提出处理意见。

（b）异议:<u>品质异议</u>须于货到目的口岸之日起30天内提出,<u>数量异议</u>须于货到目的口岸之日起15天内提出,但品质异议和数量异议均须提供经卖方同意的公证行的检验证明。<u>如责任属于卖方者</u>,卖方于收到异议20天内答复买方并提出处理意见。

原文层次关系复杂,译者需要对表述内容分类、主次关系分类。例6-46译文（a）根据画线部分,分了三个话题。不过,由于汉语表述经扩展后平面感较强,主次关系不是十分清晰,"但均"引导之内容容易误解为只针对"数量异议",建议改为译文（b）。

（2）修辞式扩展。

｜例6-47

原文：

Here comes the sun.

参考译文：

金色太阳，金色奔驰！

（3）词义显化式扩展。

｜例6-48

原文：

A direct shipment network is <u>justified</u> if retail stores are large enough such that optimal replenishment lot sizes are close to a truckload from each supplier to each retailer.

参考译文：

如果零售店的店铺数量足以使最佳补货量与供应商到零售商的最低货运量基本持平，那就<u>证明</u>采用直接运输网络是<u>适宜</u>的。（王建国等，2009）

例6-48中，"justify"被显化为"证明""适宜"两个汉语词。

（4）排他限制式扩展。

｜例6-49

原文：

Colgate

参考译文：

高露洁

｜例6-50

原文：

Safeguard

参考译文：

舒肤佳

"Colgate"来源于其创始人 William Colgate 之名，译为"高露洁"。"高露洁"这三个汉字，结合了该产品为牙膏的特点，"高"凸显此种牙膏品质优良的信息，"露"和"洁"则暗含了使用者即使露齿也好看的信心，起到了排他限制式扩展的效果。"Safeguard"译为"舒肤佳"，这三个字的选择关联了其为肥皂的产品特点，同样起到了排他限制式扩展的效果。

（5）回述式扩展。

▌例6-51

原文：

The search for higher yields has therefore led many international investors to put more funds in Asia. The sharp increase in foreign holdings of government bonds in several Asian economies is a reflection of this.

参考译文：

（a）因此，追求高收益导致许多世界各国投资者将更多资金投向亚洲。这一情况体现在，在好几个亚洲国家，外国政府债券大幅增加。

（b）因此，世界各地的许多投资者为了追求更高收益，将更多资金投向亚洲。在许多亚洲国家，国外商人持有政府债券快速增长就是证明。

从例6-51中可以发现，The search for higher yields has therefore led 所表达的是一种结果状态，一种事实。译文（a）按照原文形式对应译出，而译文（b）通过将这一结果状态处理成一种目的，弱化了原文的结果状态，但是并没有改变"将更多资金投向亚洲"这一事实，并且提高了译文流畅度。

2. 衔接和连贯

（1）恰当处理英语界限标记。

▌例6-52

原文：

The remittance specified in the application on the other side hereof is dispatched subject to the condition that you shall not be liable for any loss or damage due to any law, decree, regulation, control, restriction or other act of government agency of the country in which or in the currency of which the remittance is effected.

参考译文：

汇款依据以下条件执行，如因汇款支付地或货币所属国或地方的任何法令或政府措施而引致之损失,你行概不需负责。

此句的主干部分为 "The remittance is dispatched subject to the condition", "condition" 后面引导了一个同位语从句,该同位语从句之中又套了定语从句。此条款为汇款单背面银行的免责条款,该句型语体比较正式。为此,原文中使用了较多的界限标记,而这些界限标记在译文中都得到较好的处理。

（2）使用汉语式衔接方式。

║ 例6-53

原文:

Thank your for your letter of the 16th of this month. We shall be glad to enter into business relations with your company. In compliance with your request, we are sending you, under separate cover, our latest catalogue and price list covering our export range. Payment should be made by irrevocable and confirmed letter of credit. Should you wish to place an order, please telex or fax us.

参考译文:

Ø本月16日收到有关建立业务关系的来函,Ø不胜欣喜。Ø谨遵要求另函奉上最新之出口商品目录和报价单。款项烦请以不可撤销保兑之信用证支付。Ø如欲订货,请电传或传真为盼。

译文中使用了大量的零形式指称来衔接,这在英语表述中不常见。

（3）按时序和逻辑顺序表达。

║ 例6-54

原文:

After confirmation of an order, Party B shall arrange to open a 100% irrevocable L/C available by draft at sight in favor of Party A within the time stipulated in the relevant S/C. Party B shall also notify Party A immediately after the L/C is opened, so that Party A may make preparations for shipment.

参考译文:

在订单确认后,乙方应于有关销售确认书规定的时间内,安排开立以甲方为受益人的、百分百金额的、不可撤销的即期信用证,并于开证后立即通知甲方以便甲方准备装运。

例6-54中,多个语言结构被调整以符合汉语表达的语序,如"in favor of Party A within the time stipulated in the relevant S/C""after the L/C is opened"等都被提前表述。

五、汉英科技翻译

科技文体是随着科学技术的发展而形成的一种独立的文体形式。有关自然科学和社会科学的学术著作、论文、研究报告、专利产品的说明书等均属此类(冯志杰,1998:1)。

1. 界限性压缩技巧

(1)分类式压缩。

┃ 例6-55

原文:

结果表明,靶向质体组阿霉素(ADM)在肿瘤组织的含量明显高于游离阿霉素组。

参考译文:

The results indicated that ADM targeting liposomes in tumor tissue was apparently higher in content than the free ADM.(冯志杰,1998)

这里的比较在于"含量"的比较,即分类要基于"含量"。

(2)意义重复且无意向语用效果的结构不对译。

┃ 例6-56

原文:

煤、电、油这些能源项目,还有交通项目,前期工作要抓紧,晚了不行。

参考译文:

(a) *No time should be lost in doing the preparatory work for energy projects, such as coal, power and oil projects, and for those in communications. These must not be delayed.(CCL 汉英双语语料库)

(b) No time should be lost in doing the preparatory work for energy projects, such as coal, power and oil projects, and for those in communications.

┃ 例6-57

原文:

实验结果表明,长江污染带的污染物垂向混匀有一时间过程。

参考译文：

(a) *The results of experiments show that in Yangtze River pollution band there is a time process for pollutants to mix uniformly in vertical direction.

(b) The results show that it will take a certain time for the pollutants to finish their distribution in vertical direction.（冯志杰，1998）

例6-56来自CCL双语语料库，但我们认为，"these must not be delayed"的意义重复了"no time should be lost"，可删除。

例6-57中，"experiments"等表达的意义，可通过上下文推理获知，不必通过言语形式表现出来（冯志杰，1998）。

（3）词义隐含式压缩。

▍例6-58

原文：

按照李阿瑟的意见，铁箔不应当仅仅看作是当前可以使用的许多合金与金属的另一种变种或形态。

参考译文：

According to Arthur Lee, iron foil should not be considered as just another variety or form of the many alloys and metals currently available.（转引自王建国，2004）

例6-58中，"available"隐含了"可以""使用""的"等多个汉语词的语义。

（4）排他式压缩。

▍例6-59

原文：

多相流是在流体力学、传热传质学、物理化学、燃烧学等多学科的基础上发展起来的一门新兴学科。

参考译文：

The study of multiphase flow is a new discipline developed on the basis of hydrodynamics, the study of heat and mass transfer, physiochemistry, combustion theory and other disciplines.（冯志杰，1998）

各个学科都是术语，但"学（科）"有不同的表达，如"the study of"或"theory"，或者用如"hydrodynamics"这个高度浓缩的术语词来表达。

（5）前瞻式压缩。

┃例6-60

原文：

在自然界中也发现有其他非渗透性薄层物质。

参考译文：

Thin layers of other impermeable materials are found in nature, too.（转引自王建国，2004）

┃例6-61

原文：

元件技术中起主要作用的是半导体元件。

参考译文：

The major contributors in component technology have been in the semi-conductor components.（转引自王建国，2004）

例6-60中，主动意义转为被动意义，强调了"发现"的结果。例6-61中，"起主要作用"说的是过程意义，"the major contributors"是对这个过程的结果进行定性概括，换言之，汉语是说事，英语译文是说物。

2. 衔接和连贯

（1）话语标记语。

┃例6-62

原文：

生物工程也是一种工程，是一种与传统意义截然不同的工程。

参考译文：

(a) *Bioengineering is also a kind of engineering. It is an engineering that is different from that with conventional sense.

(b) Bioengineering is also a kind of engineering. However, it is an engineering that is different from that with conventional sense.（冯志杰，1998）

上述译文(a)的两句之间缺乏连贯性,如加上过渡性词汇"however"(话语标记语),便可使两个句子更加连贯(冯志杰,1998:118)。

(2)连词、介词等。

例6-63

原文:

原来含有氢、氯和液态水的气液混合体系,就水蒸气与液态水而言,会很快趋达平衡,这需要通过水的气化直到气中水蒸气的分压基本上等于在该体系温度下液态水的蒸气压时为止。

参考译文:

For example, a system initially containing a gaseous mixture of hydrogen, chlorine, and liquid water would very soon closely approach equilibrium with respect to water vapor and liquid water, through the evaporation of water until the partial pressure of water vapor in the gaseous phase becomes essentially equal to the vapor pressure of liquid water at the temperature of the system.(转引自王建国,2004)

(3)标点符号。

例6-64

原文:

本文报道了利用DNA聚合酶链式反应(PCR)方法,在国内首次分离和克隆了中国汉族人胎肝染色体上的滋养层蛋白基因的类似序列——中国汉族人W_1型干扰素基因。

参考译文:

(a) *An animal TP gene-like sequence of huIFN-W_1 gene isolated from Chinese hepatic chromosome DNA via PCR method is reported here, which has been the first Chinese IFN-W_1 gene clone to date.

(b) An animal TP gene-like sequence of huIFN-W_1 gene isolated from Chinese hepatic chromosome DNA via PCR method is reported and the sequence has been the first Chinese IFN-W_1 gene clone to date.

(c) An animal TP gene-like of the IFN-W_1 gene, which is isolated and cloned from Chinese hepatic chromosome DNA as the first Chinese IFN-W_1 gene clone via PCR method, is reported in the present paper.(冯志杰,1998)

例6-64(a)中,"which"之前使用了",",容易误导受众认为"which"是指代前面主句的整个意思,译文(c)则避开了这个问题。当然,亦可译成并列句,如译文(b)(冯志杰,1998:86-87)。

（4）汉语式衔接词语的处理。

例6-65

原文:

磁场处理可使过氧化物酶（POD）一条酶带颜色显著加深,这表明磁场可促进特异POD同工酶基因的表达。磁场在亚胺环己酮（CHM）存在时仍可使萌发早期的POD比活提高,表明种子的POD亦可被磁场激活。

参考译文:

(a) *Magnetic field deepened significantly the dye of one band, therefore, magnetic field could promote gene expression of specific POD isozyme. Magnetic field increased specific activity of POD in the presence of Cycloheximide (CHM) in the early stage of germination. It suggested that the POD in seed could still be activated by magnetic field.

(b) Magnetic field made only one band deeper in color, which demonstrated that it could promote the expression of specific POD isozyme gene, and could enhance the specific activity of POD in the early stage of germination in presence of CHM, which suggested that it could also activate the POD in wheat seed.（冯志杰,1998）

例6-65(a)中,"magnetic field"被重复多次,使译文显得累赘。译文6-65(b)中用代词"it"替代,避免了原来的重复(冯志杰,1998:135-6)。

六、英汉科技翻译

1. 界限性扩展技巧

（1）平行式扩展。

例6-66

原文:

The report noted proposals that eating less fat and more food with whole grains and other fibers can protect against cancer.

参考译文:

(a) *这份报告特别提到了少食脂肪,多吃含全谷物和其他纤维素的食品能预防癌症的那些建议。

(b) 这份报告特别提到,有人建议少吃脂肪,多吃全粮食品和其他含纤维素的食物,这样

能预防癌症。(傅勇林和唐跃勤,2012：14)

例6-66(a)套用了原文的结构,将同位语从句译为以"建议"为中心词的偏正结构,在中心词"建议"前面叠加了长长的定语"少食脂肪,多吃含全谷物和其他纤维素的食品能预防癌症的那些",复制了原文体现的立体、多层次审美意识,违反了汉语的平面审美意识。译文(b)采取分列式扩展,译文的平面感增强了,读起来更为流畅。

（2）修辞式扩展。

例6-67

原文：

It is interesting to contemplate a tangled bank, clothed with many plants of many kinds, with birds singing on the bushes, with various insects flitting about, and with worms crawling through the damp earth, and to reflect that these elaborately constructed forms, so different from each other, and dependent upon each other in so complex a manner, have all been produced by laws acting around us.

参考译文：

凝视这纷繁的河岸,形形色色的草木茂密丛生,群鸟在灌木林中嬉戏啼鸣,昆虫上下飞舞,虫儿在泥土上爬行；静思这种种构造精巧的生命类型,彼此之间如此不同,而又以复杂的方式互相联系,却又都是由大自然的规律所产生。真是有趣极了！（冯志杰,1998）

这段文章取自达尔文的《物种起源》,使用了许多修辞手段,如隐喻、拟人和排比等。译文在意义上做了进一步扩展,如划线部分。

（3）词义显化式扩展。

例6-68

原文：

The success rate of up to 90% claimed for lie detector is misleadingly attractive.

参考译文：

（a）*测谎器高达90%的成功率,据说有误导的吸引力。

（b）据称,测谎器的成功率高达90%,这颇具吸引力,但却容易使人产生误解。（傅勇林和唐跃勤,2012）

例6-68中,"misleadingly"被显化为多个汉语词语：容易、使人、产生、误解等。

（4）排他限制式扩展。

例6-69

原文：

Traditionally, rural highway location practice has been <u>field oriented</u>, but the modern method is "office" oriented.

参考译文：

传统上，乡村公路定线采用<u>现场定线法</u>，而现在的方法则是<u>采用纸上定线或计算机定线</u>。（傅勇林和唐跃勤，2012）

如果专业或者行业知识欠缺，可能会把"field oriented"和"'office' oriented"翻译为"田野导向"和"办公室导向"，而不是"现场定线法"和"纸上或计算机定线"（傅勇林、唐跃勤，2012：14）。但即使是专业表述，也会带来联想，尤其是对非专业受众来说，采取符合专业人士的表述，就是对汉语表述可能产生的扩展从专业的角度进行了限制。

（5）回述式扩展。

例6-70

原文：

In a rather crude form, <u>the cutting and polishing of precious stones was an art known to the ancient Egyptians</u>, and in the Middle Ages it became widespread in northwest Europe.

参考译文：

（a）*切割和磨制宝石的艺术在古埃及时还是很原始的，并在中世纪广泛流行于欧洲的西北部。

（b）古埃及人已经懂得切割和磨制宝石这门工艺，虽然形式仍显粗糙。到中世纪，这种工艺则已遍及欧洲的西北部。（傅勇林等，2012：14）

例6-71

原文：

The human respiratory system functions precisely and reliably without the conscious control of a human being.

参考译文：

人的呼吸系统能够<u>无意识运行</u>，精准可靠。

例6-70的画线部分是演绎式的表述,译文(a)没有采取归纳式的回述式扩展技巧,难以卒读。例6-71则是使原文的"确定"性表述回述到译文的"可能"性表述。

2. 衔接和连贯

(1) 恰当处理英语界限标记。

┃例6-72

原文:

As a general rule, a body will expand <u>when</u> heated and contract <u>when</u> cooled.

参考译文:

一般来说,物体热胀冷缩。

译文对画线部分做了较好处理,符合汉语表述方式。

(2) 使用汉语式衔接方式。

┃例6-73

原文:

The two units used most frequently in electricity are ampere and volt; this is the unit of voltage and that of current flow.

参考译文:

(a)*电学上最常用的两个单位是安培和伏特,<u>后者是电压单位,前者是电流单位</u>。

(b)电学上最常用的两个单位是安培和伏特,<u>安培是电流单位,伏特是电压单位</u>。

译文(b)采用汉语惯用的名词重复衔接方式,好于译文(a)用"后者"和"前者"的替代方式。同时按照"安培""伏特"出现的先后次序来表述,更符合汉语语感。

(3) 按时序和逻辑顺序表达。

┃例6-74

原文:

<u>The State Department is counting heavily on what is believed here to be a genuine Russian desire from a purely selfish standpoint to refrain from further intervention in the Horn of Africa.</u>

参考译文:

(a)*美国国务院非常期望在这里被认为是真正的俄罗斯完全出于自私的立场而从进一步干预非洲之角中撤退的愿望。

（b）此间认为，从纯粹自私自利的角度出发，俄罗斯人真的不愿意进一步干预非洲之角，美国国务院对俄罗斯的这种愿望是十分重视的。（傅勇林和唐跃勤，2012）

英语习惯把句子的重心和信息的焦点放在前面，而汉语则习惯将其放在后面（傅勇林、唐跃勤，2012：14）。译文（a）没有按照汉语的逻辑表达，故而不顺。

七、汉英政治文本翻译

1. 界限性压缩技巧

（1）分类式压缩。

▍例6-75

原文：

我们要不负人民重托、无愧历史选择，在新时代中国特色社会主义的伟大实践中，以党的坚强领导和顽强奋斗，激励全体中华儿女不断奋进，凝聚起同心共筑中国梦的磅礴力量！

参考译文：

We must live up to the trust the people have placed in us and prove ourselves worthy of history's choice. In the great endeavors of building socialism with Chinese characteristics in the new era, let us get behind the strong leadership of the Party and engage in a tenacious struggle. Let all of us, the sons and daughters of the Chinese nation, come together, keep going, and create a mighty force that enables us to realize the Chinese Dream.（党的十九大报告）

▍例6-76

原文：

其目的就是要解放和发展生产力，实现国家现代化，让中国人民富裕起来。

参考译文：

（a）All this was designed to liberate and develop productive forces, modernize the country and make the Chinese people prosperous.

（b）Aimed at dismantling the economic straitjacket and unlocking the growth potential, the reform program put China on a path to modernization and prosperity.（蔡力坚和杨平，2017）

例6-75的译文是对原文内容做了分类的结果。例6-76里的三个动宾词组，形式上是并列的,但意义上有主次关系,采用译文(b)能更加有效地传递原文的信息(蔡力坚、杨平,2017)。即译文(b)根据意义的主次重新分类,使用了分类式压缩技巧。

（2）意义重复且无意向语用效果的结构不对译。

▌例6-77

原文:

那样做的结果,不是必然遭遇失败,就是必然成为他人的附庸。

参考译文:

Doing so inevitably leads to failure or subservience.(《习近平谈治国理政》)

▌例6-78

原文:

我们要继续坚定不移地坚持以经济建设为中心。我们要继续坚定不移地推进改革开放。我们要继续坚定不移地保持社会稳定。我们要继续坚定不移地贯彻执行独立自主的和平外交政策。

参考译文:

(a) We will continue to unswervingly focus on economic development. We will continue to unswervingly press ahead with reform and opening-up. We will continue to unswervingly maintain social stability. We will continue to unswervingly carry out the independent foreign policy of peace.

(b) We will steadfastly focus on economic development, resolutely press ahead with reform and opening-up, persistently maintain social stability and unswervingly pursue the independent foreign policy of peace.

(c) We will unswervingly focus on economic development, press ahead with reform and opening-up, maintain social stability and pursue the independent foreign policy of peace.(王弄笙,2000)

例6-77用"inevitably leads to"合译了原文的画线部分,没有重复对译。

例6-78中,译文(a)把四个"坚定不移地"的结构全译成了"unswervingly",这样的英译文不仅不能加重语气,反而弱化了语气并显得累赘。译文(b)则译成了四个不同的副词,给人以副词堆砌的感觉,也不可取。译文(c)只用了一个副词修饰四个动词,是为佳译。(王弄笙,2000)

（3）词义隐含式压缩。

例6-79

原文：

　　我在文艺工作座谈会上也说过，没有优秀作品，其他事情搞得再<u>热闹</u>、再<u>花哨</u>，那也只是表面文章、过眼烟云。

参考译文：

As I mentioned at the Seminar on Literature and Art in 2014, it is fine works that count. All <u>ostentatious</u> activities are superficial and will soon be gone with the wind.（《习近平谈治国理政》）

　　"ostentatious" 在柯林斯词典中的释义有二：一是 "characterized by or given to pretentious or conspicuous show in an attempt to impress others"；二是 "(of actions, manner, qualities exhibited, etc.) intended to attract notice"。本译文中，该词隐含了 "热闹" "花哨" 的意义。

　　（4）排他式压缩。

　　中国外文局为了做好我国的政治外译，建设了当代中国特色话语外译传播平台，包括中国关键词、中国重要政治词汇对外翻译标准化专题库、中国特色话语对外翻译标准化术语库和多语种政党文献简写本及专家解读文库四大模块，非常值得借鉴。这四大模块，尤其是前三者的建设表现出很强的政治术语的排他意识。

　　许多具体译例都表现出排他式压缩。"自由主义"已经不再译为"liberalism"，而是译为"behavior in disregard of the rules"；"个人主义"不再译为"individualism"，而是译为"self-centered behavior"；"精神"的翻译也按照具体语境精确化处理，如，"为人民提供精神指引"译为"provide a source of cultural and moral guidance for our people"（陈明明，2019）。

　　（5）前瞻式压缩。

例6-80

原文：

　　<u>站立</u>在960万平方公里的广袤土地上，<u>吸吮着</u>中华民族漫长奋斗积累的文化养分，拥有13亿中国人民聚合的磅礴之力，我们走自己的路，……。

参考译文：

<u>Boasting</u> a vast land of 9.6 million sq km, a rich cultural heritage and a strong bond among the 1.3 billion Chinese people, we are resolved to go our own way. ...（《习近平谈治国理政》）

┃ 例6-81

原文：

坚持对话协商，建设一个持久和平的世界。

参考译文：

We should build a world of lasting peace through dialogue and consultation.（《习近平谈治国理政》）

┃ 例6-82

原文：

迫切需要我们从理论上作出新的科学回答。

参考译文：

All these things are crying out for new and appropriate theoretical solutions.（《习近平谈治国理政》）

┃ 例6-83

原文：

如果东一榔头西一棒子，结果很可能是一颗钉子都钉不上、钉不牢。

参考译文：

If we knock here and there without focusing on the nail, we may end up squandering our efforts altogether.（《习近平谈治国理政》）

观察上面几个例证，尤其是汉语原文和英语译文的画线部分，能明显感觉到汉语表述具有过程导向，而英语具有结果导向。

2. 衔接和连贯

（1）话语标记语。

┃ 例6-84

原文：

我们了解有些社区对我们的政策还有些误解。

参考译文：

We understand that misgivings may still exist in some communities about our policies.（鲍川运，2021）

（2）连词、介词。

例6-85

原文：

　　中国特色社会主义进入了新时代，新时代呼唤着杰出的文学家、艺术家、理论家，文艺创作、学术创新拥有无比广阔的空间。

参考译文：

　　The new era of Chinese socialism calls for outstanding writers, artists and theorists and offers extensive space for literary and artistic creation and academic innovation.（《习近平谈治国理政》）

（3）标点符号。

例6-86

（1）原文：

　　——实现中国梦必须走中国道路。……

　　——实现中国梦必须弘扬中国精神。……

　　——实现中国梦必须凝聚中国力量。……

参考译文：

　　— To realize the Chinese Dream, we must take our own path. ...

　　— To realize the Chinese Dream, we must foster the Chinese spirit. ...

　　— To realize the Chinese Dream, we must pool China's strength. ...（《习近平谈治国理政》）

（2）原文：

　　——中国梦是历史的、现实的，也是未来的。……

　　——中国梦是国家的、民族的，也是每一个中国人的。……

　　——中国梦是我们的，更是你们青年一代的。……

参考译文：

　　— The Chinese Dream pertains to the past and the present, but also the future. ...

　　— The Chinese Dream is the dream of the country and the nation, but also of every ordinary Chinese. ...

　　— The Chinese Dream is ours, but also yours, the younger generation. ...（《习近平谈治国理政》）

（3）原文：

　　——记住要求，就是要把社会主义核心价值观的基本内容熟记熟背，让它们融化在心灵里、铭刻在脑子中。……

——心有榜样，就是要学习英雄人物、先进人物、美好事物，在学习中养成好的思想品德追求。……

——从小做起，就是要从自己做起、从身边做起、从小事做起，一点一滴积累，养成好思想、好品德。……

——接受帮助，就是要听得进意见，受得了批评，在知错就改、越改越好的氛围中健康成长。……

参考译文：

First, remembering the requirements means that children need to learn by heart the core socialist values, and always keep these values in mind. ...

Second, following role models means that children need to learn from heroes and advanced figures, and to cultivate good characters through study. ...

Third, starting from childhood means that children need to start with themselves, and make every possible effort to cultivate good morality. ...

Fourth, accepting help means that children need to accept both suggestions and criticisms, and grow up in a good environment where you correct your mistakes and make yourself a better person. ...（《习近平谈治国理政》）

本例证中的"——"符号，译者根据不同情况做了处理。

（4）处理汉语式衔接方式。

例6-87

原文：

吸引年轻人才集聚，为城市副中心注入新生力量，形成与城市副中心战略定位、主导功能相适应的人口布局与结构，让城市副中心成为"留得住人、扎得下根"的地方。

参考译文：

As an increasing number of well-educated young people moved (are attracted) to the new city, there will be a population with the size and composition that could support the positioning and functions of the sub-center. It will be a place where people want to come and stay.（鲍川运，2022e）

汉语式的衔接不仅仅表现在某些常用词的使用带有主观性，更主要是表现在思维方式上具有主客交融的特征。本例中,"吸引……集聚""注入""形成""让……成为"等词,其施动者需要读者主观去想象,其实就表现为一种衔接方式。这里的译文都采取了一种客观的、描述性的表达方法,文中使用了"moved""there will be""it will be"结构(鲍川运,2022e)。

┃ 例6-88

原文:

……,顺应时代潮流,符合中国根本利益,符合周边国家利益,符合世界各国利益。

参考译文:

(a) ... It conforms to the trend of the times and serves the fundamental interests of China. It also meets the interests of China's neighboring countries and those of all countries in the world.

(b) ... It represents a timely response to today's imperatives and serves the fundamental interests of China, and those of its neighbors and the rest of the world.(蔡力坚和杨平,2017)

例6-88中,汉语原文的画线部分可以理解为汉语式的衔接方式,但对译原文,英语中则会出现内部衔接问题,即"all countries"包括了"China's neighbouring countries",两者意义有重叠,产生了矛盾。因而,译文(a)不妥当。

八、英汉政治文本翻译

1. 界限性扩展技巧

(1)平行式扩展。

┃ 例6-89

原文:

There are several cases of reverse migration as well when people come back to their village after closing down of the factory or enterprises that they have been working in, or finding it more profitable to work on land than to work in petty industries or businesses for a paltry sum in lieu of hard labour.

参考译文:

也有几个人又回村了,要么是他们之前一直工作的工厂或企业倒闭了,要么是发现在小型工厂或企业里工作又辛苦,薪资又低,还不如回村耕地赚得多。(陈思雨,2020)

　　例6-89的层次关系较为复杂,译者整体上用了"要么……要么……"这样的对称结构来表述,同时,还形成一个以"几个人"为话题的话题链,相较原文,层次感明显降低。

　　(2)修辞式扩展。

例6-90

原文:

The quack is an educated youth of the Muslim community who has worked as an assistant to a medical practitioner in Dhaniakhali for a few years.

参考译文:

　　这个民间医生十分年轻,接受过教育,属于穆斯林社群,曾在达尼阿卡哈利当了几年医师助理。(陈思雨,2020)

　　译文中的"十分"有修辞色彩,原文中并没有对应表达。

　　(3)词义显化式扩展。

例6-91

原文:

In Kadampur, there is no other higher caste; hence, the Mahishya's domination seems to have been an obvious reality.

参考译文:

　　卡丹普尔村里没有其他更高的种姓了;因此,显而易见,在村里密哈实雅似乎占主导地位。(陈思雨,2020)

例6-92

原文:

Nevertheless, these organizations retain a role in Russian foreign policy and a means of coordination and influence with its neighbors.

参考译文:

　　尽管如此,这些组织仍然在俄罗斯外交政策中发挥作用,并作为俄罗斯与邻国保持政策协调和发挥影响力的渠道。(陈甜甜,2020)

　　例6-91中,"domination"扩展出动作"占",同时通过"地位"显化其性质。例6-92中,

"coordination"和"influence",其对应译文扩展了动作意义"保持"和"发挥",将其分别译为"保持政策协调"和"发挥影响力",读起来通顺流畅。(陈甜甜,2020)

(4)排他限制式扩展。

┃例6-93

原文:

　　Subinoy said "People will naturally flock around the party which is able to provide more jobs, more benefits. Hence, a party's power in rural areas depends on the number of panchayats it has under its control. And here lies the strength of the CPI(M) party. At the same time, this generates a lot of factionalism inside the party. Even the FB is not free of factionalism."

参考译文:

　　苏比诺伊(Subinoy)说,"人们固然会向能提供更多工作和福利的政党靠拢。因此,一个政党在农村地区的力量取决于它所掌控下的村务委员会数量。印共(马)掌权就缘于此。但同时,这也会导致党内大量的派系争斗。就连全印进步同盟此类影响力较小的政党,也难免于此。"(陈思雨,2020)

　　该书告知"FB"为"Forward Bloc"之缩略语,完整术语为"All India Forward Bloc (AIFB)"。参照相关平行文本,将"Forward Bloc"译为"进步同盟",然后参考"All India Trade Union Congress"的官方译名"全印工会大会",将"All India Forward Bloc"译为"全印进步同盟",进一步限制了理解的界限。(陈思雨,2020)

┃例6-94

原文:

　　The project was finalized in the Writer's Buildings (in Kolkata) without our knowledge.

参考译文:

　　这个征地项目是在我们不知情的情况下在作家大厦(印度西孟加拉邦的政府大楼,在加尔各答)敲定的。(黄佳悦,2020)

　　译者显化了"作家大厦"是"印度西孟加拉邦的政府大楼"的信息,进一步加强了该专有名称的界限性,也加强了上下文的逻辑,让读者明白了征地项目为何会在此地敲定。(黄佳悦,2020)

（5）回述式扩展。

▍例6-95

原文：

The category "other workers" (58.1 per cent) constitutes the biggest section among the working population, probably denoting the high recurrence of non-farm works available there due to its more urbanized character and proximity to the industrial areas of Hooghly.

参考译文：

（辛古尔区的）"其他工人"（58.1%）在劳动人口中占比最高，这可能是因为（辛古尔区）更具有城市化特征且临近胡格利工业区，使得该区存在较多的农业之外的工作机会。（陈思雨，2020）

▍例6-96

原文：

The village can be approached from two sides. A mud road connects the village to the neighbouring village of Joypur. On the other side of the village, another mud road connects it with Banipur bazaar.

参考译文：

从这个村庄两头的路都可以进村，沿着其中一头的土路可以到达邻村乔伊普尔村，沿着另一头土路可以到达巴尼普尔集市。（陈思雨，2020）

例6-95中的"high recurrence"是对辛古尔区工作情况描述的结果，意义较为抽象，本义为"高发，多发"，译者将其具体化为"较多的工作机会"。其他划线部分如"its more urbanized character"都有抽象转为具象的特征。

例6-96中被动转为主动，加入主观视角，把原文中客观描写表述为从人的视角"进村""沿着……到达"。

2. 衔接和连贯

（1）恰当处理英语界限标记。

▍例6-97

原文：

The main thrusts of peasant movement in this period were to identify and seize above-ceiling land kept by the jotedars under different fictitious names and end all kinds of illegal extractions done by the erstwhile zamindars and jotedars.

参考译文：

　　这一时期农民运动的主要目的，是查明、没收贾特达尔（印度旧时拥有大量土地的富农阶层）以各种虚构名义超额占有的土地，终止旧时柴明达尔（印度旧时封建领主）和贾特达尔的种种非法掠夺行为。（陈思雨，2020）

▌例6-98

原文：

　　After proceeding on the road and leaving a paddy field on the way, one would come across the Malikpara, the habitation of Bagdis, one of the castes in SC category, and then the Adivasipara or tribal hamlet is on both sides of the brick road.

参考译文：

　　Ø沿着道路前行，Ø经过一片稻田，Ø便会抵达马利克帕拉（在册种姓之一巴格迪族的聚居地），Ø再往前，Ø就能看到砖石路两侧的阿迪瓦西帕拉，即部落村落。（陈思雨，2020）

　　例6-97的译文整体上以"这一时期农民运动的主要目的"为话题的话题链。例6-98的译文则表述为零形式为话题的话题链，很好地处理了原文中多种多样的界限标记，读起来较为流畅。

　　（2）使用汉语式衔接词语。

▌例6-99

原文：

　　From Tables 3.2 and 3.3, it is evident that 79.28 per cent of the landless households belong to SC-ST categories, while their representation in the village households is 64 per cent.

参考译文：

　　从表3.2和表3.3中可以明显看出，79.28%的无地家庭属于表列种姓表列部落群体，而这些群体在该村总家庭中只占64%。（陈思雨，2020）

　　"可以明显看出"带有主体视角，反映了汉语使用者的主客交融的思维方式，是一种汉语式的衔接手段。

　　（3）按时序和逻辑顺序表达。

▌例6-100

原文：

　　Similarly, Steve Levitsky and Lucan Way theorize that competitive authoritarianism can persist <u>only in the absence of</u> Western leverage and of local linkages to Western countries, implying limits on Russia's ability to influence many Eastern European countries.

参考译文：

史蒂夫·莱维茨基（Steve Levitsky）和卢坎·威（Lucan Way）也大致认为，<u>只有在缺乏西方影响力和缺乏与西方国家联系的情况下</u>，"竞争式威权主义"才能生存下去，<u>这</u>意味着俄罗斯对许多东欧国家的影响力受限。（陈甜甜，2020）

例6-100中，原文画线部分的处理以及译文画线部分的应用，较好地帮助了译文按照汉语时序和逻辑顺序进行表达。

九、汉英法律翻译

1. 界限性压缩技巧

（1）分类式压缩。

▎例6-101

原文：

第二条　中华人民共和国刑法的任务，是用刑罚同一切犯罪行为作斗争，以保卫国家安全，保卫人民民主专政的政权和社会主义制度，保护国有财产和劳动群众集体所有的财产，保护公民私人所有的财产，保护公民的人身权利、民主权利和其他权利，维护社会秩序、经济秩序，保障社会主义建设事业的顺利进行。

参考译文：

Article 2 The tasks of the Criminal Law of the People's Republic of China are, by fighting against all forms of crime with criminal punishment, to protect national security, the state power of the people's democratic dictatorship, and the socialist system<u>;</u> to protect state-owned property, collectively owned property, and private property owned by citizens<u>;</u> to protect personal rights, democratic rights, and other rights of citizens<u>;</u> to maintain social and economic order<u>;</u> and to safeguard the smooth progress of the socialist cause.（《中华人民共和国刑法》）

本例中，译文的分句处理，如画线部分的标点符号的使用，反映了译者使用了分类式压缩技巧。

（2）删除修饰词语义。

▍例6-102

原文：

　　第七十八条　被判处管制、拘役、有期徒刑、无期徒刑的犯罪分子，在执行期间，如果<u>认真遵守</u>监规，接受教育改造，确有悔改表现的，或者有立功表现的，可以减刑；有下列重大立功表现之一的，应当减刑：

参考译文：

Article 78 An offender sentenced to non-custodial correction, short-term custody, fixed-term imprisonment or life imprisonment may have his sentence commuted while serving the sentence, if the offender <u>observes</u> prison rules, accepts education and rehabilitation, shows sincere repentance, or carries out meritorious performance. His sentence shall be reduced if he has carried out any of the following major meritorious performance:（《中华人民共和国刑法》）

　　严格来说，法律翻译中很难存在删除修饰词语义的案例。例6-102中有"认真遵守"的表述，但译文中并没有"认真"的对应译文。"observe"在韦氏词典中的相关释义是"to conform one's action or practice to (something, such as a law, rite, or condition)"，并没有"认真"的含义，说明"认真"这个修饰词的词义被删除了。

（3）词义隐含式压缩。

▍例6-103

原文：

　　所以，应该<u>集中力量</u>制定刑法、民法、诉讼法和其他各种必要的法律，<u>例如</u>工厂法、人民公社法、森林法、草原法、环境保护法、劳动法、外国人投资法等等，经过一定的民主程序讨论通过，并且加强检察机关和司法机关，做到有法可依，有法必依，执法必严，违法必究。

参考译文：

So we must <u>concentrate</u> on enacting criminal and civil codes, procedural laws and other necessary laws concerning factories, people's communes, forests, grasslands and environmental protection, as well as labour laws and a law on investment by foreigners. These laws should be discussed and adopted through democratic procedures. Meanwhile, the procuratorial and judicial organs should be strengthened. All this will ensure that there are laws to go by, that they are observed and strictly enforced, and that violators are brought to book.（CCL 汉英双语语料库）

"集中力量"压缩为"concentrate"，它在柯林斯词典中的释义为"to bring all efforts, faculties, activities, etc., to bear on one thing or activity (often followed by *on* or *upon*)"。

（4）排他式压缩。

┃ 例6-104

原文：

　　第二条　本法所称的<u>发明创造</u>是指发明、实用新型和外观设计。

参考译文：

Article 2 For the purpose of this Law, <u>invention-creations</u> mean inventions, utility models and designs.（《中华人民共和国专利法》）

┃ 例6-105

原文：

　　第二十二条　为了犯罪，准备工具、制造条件的，是<u>犯罪预备</u>。

参考译文：

Article 22 <u>Preparation for a crime</u> refers to the preparation of instruments or the creation of conditions for the commission of the crime.（《中华人民共和国刑法》）

"发明创造"和"犯罪预备"在译文中都是通过定义式的表述来进行排他式压缩。其中，"invention-creations"还使用了引号和"-"来帮助限定。

（5）前瞻式压缩。

┃ 例6-106

原文：

　　第六条　凡在中华人民共和国领域内犯罪的，除法律有特别规定的以外，<u>都适用本法</u>。

参考译文：

Article 6 <u>This Law is applicable to anyone</u> who commits a crime within the land, waters and space under the jurisdiction of the People's Republic of China, except otherwise specifically provided by law.（《中华人民共和国刑法》）

例6-107

原文：

　　第十三条　一切危害国家主权、领土完整和安全，分裂国家、颠覆人民民主专政的政权和推翻社会主义制度，破坏社会秩序和经济秩序，侵犯国有财产或者劳动群众集体所有的财产，侵犯公民私人所有的财产，侵犯公民的人身权利、民主权利和其他权利，以及其他危害社会的行为，依照法律应当受刑事处罚的，都是犯罪，但是情节显著轻微危害不大的，不认为是犯罪。

参考译文：

Article 13 Any act that endangers the sovereignty, territorial integrity, or security of the state, splits the state, subverts the political power of the people's democratic dictatorship, overthrows the socialist system, or undermines social or economic order, or that is against state-owned property, collectively owned property, or private property owned by citizens, or that violates the personal rights, democratic rights or other rights of the citizens, or any other act that endangers the society, which is subject to criminal punishment in accordance with the law, is a crime. However, if the circumstances are manifestly minor and the harm is not serious, the act is not deemed a crime.（《中华人民共和国刑法》）

　　参见画线部分，例6-106和6-107都有把汉语的归纳表述转变为英语常用的演绎表述。前两例还明显表现出重结果的语用倾向。

2. 衔接和连贯

（1）话语标记语。

例6-108

原文：

　　第四十五条　有期徒刑的期限，除本法第五十条、第六十九条规定外，为六个月以上十五年以下。

参考译文：

Article 45 The term of fixed-term imprisonment is not less than 6 months but not more than 15 years, except as provided in Articles 50 and 69 of this Law.（《中华人民共和国刑法》）

　　"otherwise"是法律英语中较为典型的话语标记语。其释义一般有三种："under other circumstances（以其他形式/在其他情况下），"in another manner/differently"（其他方面），"in other respects"（其他方式）。（李克兴和张新红，2005）

（2）连词、介词、关系代词。

| 例6-109

原文：

第二百零六条　被保险人依照本章规定可以限制赔偿责任的，对该海事赔偿请求承担责任的保险人，有权依照本章规定享受相同的赔偿责任限制。

参考译文：

Article 206 Where the assured may limit his liability in accordance with the provisions of this Chapter, the insurer liable for the maritime claims shall be entitled to the limitation of liability under this Chapter to the same extent as the assured.（《中华人民共和国海商法》）（李克兴和张新红，2005）

| 例6-110

原文：

第十五条　应当预见自己的行为可能发生危害社会的结果，因为疏忽大意而没有预见，或者已经预见而轻信能够避免，以致发生这种结果的，是过失犯罪。

参考译文：

Article 15 Where a person should have foreseen that his act may cause socially harmful consequences but fails to foresee them because of his carelessness, or has foreseen such consequences but believes that they can be avoided, which leads to such consequences, he commits a negligent crime.（《中华人民共和国刑法》）

（3）标点符号。

| 例6-111

原文：

第五十六条　对于危害国家安全的犯罪分子应当附加剥夺政治权利；对于故意杀人、强奸、放火、爆炸、投毒、抢劫等严重破坏社会秩序的犯罪分子，可以附加剥夺政治权利。

参考译文：

Article 56 An offender who has committed the crime of endangering national security shall be sentenced to deprivation of political rights as a supplementary punishment. An offender who has committed intentional homicide, rape, arson, explosion, poisoning, robbery, or other crimes, which seriously undermines the public order, may be sentenced to deprivation of political rights as a supplementary punishment.（《中华人民共和国刑法》）

本例中,汉语中独有的 "、" 在英语译文中都被换成 ",",表停顿。

（4）汉语式衔接词的处理。

▌例6-112

原文:

　　第六十七条　被采取强制措施的犯罪嫌疑人、被告人和正在服刑的罪犯,如实供述司法机关还未掌握的本人其他罪行的,以自首论。

参考译文:

Article 67 Where a criminal suspect or defendant who is under a compulsory measure or a convict who is serving his sentence makes truthful confession on another crime he committed which is still unknown to the judicial organs, he shall be considered as having voluntarily surrendered himself.（《中华人民共和国刑法》）

　　"还" 在汉语中有特殊的衔接功能,很多时候并不对应于英语的 "still" 或 "yet" 等,没有实际意义。此例中的 "还",似乎也可以删除且不影响表意,因而其译文中也没有对译 "还"。

（5）重复转替代。

▌例6-113

原文:

　　外国合营者如果有意以落后的技术和设备进行欺骗,造成损失的,应赔偿损失。

参考译文:

　　(a) If the foreign joint venturer causes losses by deception through the intentional use of backward technology and equipment, he shall pay compensation for the losses.

　　(b) If the foreign joint venturer causes any loss or losses by deception through the intentional use of backward technology and equipment, he shall pay compensation therefor.（李克兴,2020）

　　在例6-113中,原文较为严谨,译文（a）对译了 "赔偿损失";而译文（b）使用了古词 "therefor",压缩了 "for the losses"。当然,译文（a）中的 "losses" 没有表述出原文的 "损失"

可能是一种或多种的意思，不够精确。

十、英汉法律翻译

1. 界限性扩展技巧

（1）平行式扩展。

▎例6-114

原文：

A person shall not, by reason only of his being an executor of a will, be incompetent to be admitted a witness to prove the execution of such will, or a witness to prove the validity or invalidity thereof.

参考译文：

任何人不会仅因为身为遗嘱执行人，而没有资格获接受为见证人以证明遗嘱的签立，或证明该遗嘱具备或不具备效力。(Hong Kong Ordinances Cap. 30 Will Ordinance)（李克兴和张新红，2005）

法律汉译如例6-114保留了多个有层次关系的结构，如"因为……"，体现了严谨性，但"而"把整个句子的架构定位为并列结构，"或"则把"而"之后的表述也定位为并列结构。整个句子的表述还是很大程度上进行了平面扩展，形成了"任何人"为话题的话题链，总体上，译文还是采用了平行式扩展。

（2）词义显化式扩展。

▎例6-115

原文：

The defence produced EX. D1, a medical report which showed that the appellant had suffered abrasion to both hands, arms and elbows and clinical fractures to both legs and arms.

参考译文：

辩方将医生的报告即证物D1呈堂。报告指出上诉人双手、两臂及两肘都有擦伤，而且双臂和双腿都有骨折。（李克兴，2020）

画线部分的复数都需要翻译出来，否则，容易理解为单手、单臂等。本译文把这些复数所隐含的意义显化了出来。

（3）排他限制式扩展。

例6-116

原文：

In judicial opinions, judges will usually refer to themselves as "the Court".

参考译文：

（a）*在判决意见书中，法官常把自己称为"本庭"。

（b）在判决书中，法官常把自己称为"本庭"。（张法连，2009）

例6-117

原文：

Damages for breach of contract by one party consist of a sum equal to the loss, including loss of profit, suffered by the other party as a consequence of the breach.

参考译文：

（a）*一方违约所导致的损害包括因其违约而使另一方遭受损失的金额，含利润损失。

（b）一方违约所导致的损害赔偿金包括因其违约而使另一方遭受损失的金额，含利润损失。（张法连，2009）

上述两例的译文（a）都没有做到限制式扩展，违反了法律术语的正确使用，会导致误解。

（4）回述式扩展。

例6-118

原文：

In subsection (1) "complainant"（申诉人）means a woman upon whom, in a charge for a rape offence or indecent assault to which the trial in question relates, it is alleged that rape or indecent assault was committed, attempted or proposed.

参考译文：

在第（1）款中，"申诉人"（complainant）指在审讯关乎强奸罪行或猥亵侵犯的控罪中，指称遭人强奸和猥亵侵犯，或指称遭人企图强奸或猥亵侵犯，或指称有人打算将其强奸或对其猥亵侵犯的女子。（李克兴，2020）

▎例6-119

原文：

After the grant or renewal of any licence, no licence shall, save with the permission in writing of the Council, cause or permit to be made in respect of the premises to which the licence relates — (a) any <u>alteration or addition</u> which would result in a material deviation from the plan thereof approved under by law 33; ...

参考译文：

在任何牌照批出或续期后，除非获得市政局书面准许，否则持牌人不得安排或准许对牌照所关乎的处所———(a)<u>进行任何更改或增建</u>，而该更改或增建会令该处所与根据第33条批准的图则有重大偏差；……(李克兴，2020)

上面两例画线部分都有回述性扩展。如例6-118原文中的"rape or indecent assault"表示结果意义，译文使用"遭人强奸和猥亵侵犯""将其强奸或对其猥亵侵犯"，有过程意义的表述。

2. 衔接和连贯

（1）恰当处理英语界限标记。

▎例6-120

原文：

If any person over the age of 16 years <u>who</u> has the custody, charge or care of any child or young person <u>under</u> the age willfully assaults, ill-treats, neglects, abandons or exposes such child <u>or</u> young person ... such person shall be guilty of an offence.

参考译文：

<u>任何超过16岁而对不足该年岁的儿童或少年负有看顾、照看及照顾责任的人</u>，如故意殴打、虐待或遗弃该儿童或少年……也属犯罪。(张法连，2009)

▎例6-121

原文：

Any person <u>who</u> by threats, persuasion <u>or</u> otherwise induces a witness or a party not to give evidence in any hearing before the Board commits an offence.

参考译文：

<u>任何人</u>借恐吓、怂恿或以其他手段诱使证人或一方当事人不在仲裁处聆讯中作证，即属犯罪。(李克兴、张新红，2005)

例6-120、6-121都对界限标记做了一定的处理。如例6-120中的"If"和例6-121中的"otherwise",都没有对译。

（2）按时序和逻辑顺序表达。

| 例6-122

原文：

For the purpose of the Landlord and the Tenant Ordinance and for the purpose of these presents the rent in respect of the said premises shall be deemed to be in arrear if not paid in advance as stipulated by Clause 1 hereof.

参考译文：

基于租务条例并基于这些通知，有关该楼宇的租金，如果未照合约第一条规定的那样提前缴付，就应该被认为是拖欠。（李克兴和张新红，2005）

| 例6-123

原文：

For the purposes of subsection (1) of this section the attestation of a will by a person to whom or to whose spouse there is given or made any such disposition as is described in that subsection shall be disregarded if the will is duly executed without his attestation and without that of any other such person.

参考译文：

为第（1）款的施行，获得该款所述的处置的任何人或其配偶，如为遗嘱作见证，而该遗嘱没有其见证或任何这些人的见证亦已属妥为签立，则该人所作的见证须不予理会。(Hong Kong Ordinaces Cap. 30 Wills Ordinance)（李克兴和张新红，2005）

例6-122和6-123中的原文画线部分在译文中都根据逻辑顺序做了调整，尽量保障了汉语的流畅性。

第二节　个　性

本节以汉英翻译方法和英汉翻译方法为参照，描写影视、商务、科技和法律等文体翻译的个性。

一、影视翻译

影视配音和字幕翻译的制约因素可分为六类：时间、空间、音乐、图像、语音和口语（time,

space, music, image, phonetics, spoken language); 具体到字幕翻译主要涉及两个制约因素:时间和空间(李运兴,2001)。

空间限制: 空间上讲,影视翻译会受到屏幕宽度以及画面的限制。国际上一般对以拉丁字母为基础的语言,每行最多可包括35到39个字符(包括空格和排版符号); 对汉语、日语等语言,每行最多可包括12到16个字符(Diaz-Cintas and Remael, 2007)。就汉英而言,相同字幕空间内,可容纳的英语单词比汉字要少。

时间限制: 时间上讲,影视作品字幕需与声音、画面对应。字幕略早于或与对白出现时间一致,在对白结束时结束字幕,即"声起幕现、声落幕消"。既要避免字幕出现时间过短,观众阅读时间不足,也要避免字幕出现时间过长,观众重读字幕的情况。一般情况下,字幕之间彼此间隔2帧,单句字幕出现的最小时长为1秒(20帧),最大时长为6秒(Diaz-Cintas and Remael, 2007),对超出时间的内容则需根据情况进行切分或转换。

鉴于此,影视翻译至少表现出以下个性:

(1) 对话的瞬时性,不存在很长的语篇,语篇层面的翻译技巧不需太多,如汉英翻译中主角与配角的识别问题不明显,不需要构建很复杂的句子结构; 英汉翻译中无须构建很长的话题链,修辞式扩展、词义显化式扩展不多,整体扩展程度不高。

(2) 画面和声音能帮助衔接。例如:

┃ 例6-124

原文:

我今天差一点在浴室摔死了

参考译文:

I almost died in the bathroom today.(《幸福额度》23:25)

例6-124中,电影已经呈现过"我"在浴室里几次摔倒的画面,因而此处翻译并没有特别交代"摔",观众照样能够理解。也就是说,影视翻译中,重复式衔接少用。

(3) 字幕中的标点符号也不是很重要,甚至不少字幕没有标点。通常,对话的停顿、各种语气能通过声音表现出来,因而字幕翻译中标点的使用不多。

(4) 一些文化词语被删除的概率较高。排他式压缩、排他限制式扩展很少使用。如:

┃ 例6-125

我们开始跳锅庄舞(《天缘·纳木措》1:22:10)

影片中此句台词完全没有翻译。这固然不妥,但若要完整翻译,似乎也不可能,尤其是其中"锅庄舞"，若要翻译出来且让观众明白其文化内涵，恐怕非常困难。根据网络资料显示：

> 锅庄舞，又称为"果卓""歌庄""卓"等，藏语意为圆圈歌舞，是藏族三大民间舞蹈之一。锅庄舞分布于西藏昌都、那曲，四川阿坝、甘孜，云南迪庆及青海、甘肃的藏族聚居区。舞蹈时，一般男女各排半圆拉手成圈，由一人领头，分男女一问一答，反复对唱，无乐器伴奏。整个舞蹈由先慢后快的两段舞组成，基本动作有"悠颤跨腿""趋步辗转""跨腿踏步蹲"等，舞者手臂以撩、甩、晃为主变换舞姿，队形按顺时针行进，圆圈有大有小，偶尔变换"龙摆尾"图案。2006年5月20日，锅庄舞经中华人民共和国国务院批准列入第一批国家级非物质文化遗产名录。

这么多的信息，由于屏幕的时空限制，是无法翻译出来的。我们建议翻译成"Let's start the Guozhuang Dance"，尽管"Guozhuang"仍然无法让人理解，但随后的影片舞蹈画面，大概也能让人明白"Guozhuang Dance"是怎么一回事了。再如：

▎例6-126

原文：

You never told me you had a pompadour. Or a yacht.

参考译文：

你从没说过你梳过蓬巴杜头　还有艘游艇（《了不起的盖茨比》01:04:39—01:04:41）

在小说译本中，"pompadour"可单独作注，解释该发型名称源自法国国王路易十五的情妇蓬巴杜夫人，并描述这种发型是将头发卷起来往后梳，突出整个额头。但电影字幕中无法加注，只是通过"梳过蓬巴杜头"这一表述，让观众知道这里的蓬巴杜是一种发型。

（5）分帧。

▎例6-127

原文：

克里木：我现在倒成了贪污犯了

　　　　我是为了让你挣钱成个家

　　　　为了让他挣钱发个财

　　　　我想尽了办法 吃尽了苦头

　　　　现在让肉头去管吧

阿里木：大哥　你又骂我是肉头

参考译文：

> Kelimu: Ah? I turn out to be the embezzler.
>
> But I want you to make some money to start a family,
>
> in order for him to make a fortune,
>
> I beat my brains out, and went through a lot.
>
> Now, I'll leave it to the moron.
>
> Alimu: Bro, did you curse me again?（《钱在路上跑》1:16:52）

例6-127反映了影视翻译中需要对各个意群进行分割，根据画面和可容纳的空间，放在不同的帧里。

（6）口语化程度高。

因为电影语言口语化，所以应恰当使用英语和汉语话语标记语。汉英翻译中，其前瞻式压缩中很少使用具象转抽象的压缩技巧。

二、商务翻译

根据商务翻译范围分类，商务翻译包括从文学艺术性颇强的企业广告宣传材料（属于企业传播方面的内容），到比较中性平实的企业管理资料（比如公司简介、员工手册、规章制度），到相对比较严谨专业的企业法律财经资料（比如公司章程、商务合同、公司财务报表等）。也就是说，商务翻译最大的特色之一就是几乎包括了各种文体翻译。

根据以上商务翻译的分类，我们认为，以一般企业管理资料文本为中轴，右边的文本翻译有更强的压缩度，左边的则有更强的扩展度。

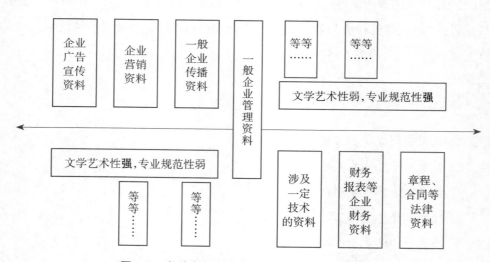

图6-1　多种商务文本的规范性、文学性特征趋势

刘法公（2002）提出商务汉英翻译的原则有"忠实""准确"和"统一"。"统一"是指"汉英翻译过程中译名、概念、术语在任何时候都应保持统一，不允许将同一概念或术语随意变换译名"。但是，这些原则并不是商务翻译专有的特点，法律翻译、科技翻译等都有这些要求。

商务翻译面对的商务语言涉及广泛，各种文体文本都可能成为商务文本。根据这一特性，我们此处仅根据不同类型的商务文本中的指称形式特征来说说商务翻译的特性。

文学艺术性越强的商务文本，其受众的指称形式越趋于拟人化，如例6-128、6-129、6-130。而文学艺术性弱、专业规范性强的文本，其受众指称形式越趋于拟物化，如例6-131。例如：

▌例6-128

原文：

We lead, others copy.

参考译文：

我们领先，他人仿效。（理光复印机）

▌例6-129

原文：

Øi Obey your thirst.

参考译文：

服从你的渴望。（雪碧）

▌例6-130

原文：

It looks so serene. But sometimes you can't just touch nature, you have to grab it and hang on. Like when it's cold or wet and your sense of adventure demands more than a walk in the park. That's when you need Sure Hands performance.（保温手套广告）

参考译文：

她看起来那么宁静，有时你会不满足于仅仅轻轻触碰她。你想抓住她不放。比如说，在公园里，天冷冷的，或者下着雨。而你好动的本能却使你不满足于只是在那里溜达溜达，这便是你需要御寒手套发挥本领的时候了。

▌例6-131

原文：

Further, each of the Selling Shareholders and the Controlling Shareholders has undertaken to each of us, the Joint Global Coordinators, the Joint Sponsors and the Hong Kong Underwriters that save as otherwise already disclosed in this prospectus it will not and will procure that none of its associates or companies controlled by it or any nominee or trustee holding in trust for it will, without the prior written consent of the Joint Global Coordinators and unless in compliance with the requirements of the Listing Rules:

参考译文：

此外，各招股股东及控股股东已向我们、联席全球协调人、联席保荐人及香港包销商各自承诺（除已于本招股书披露外），除非符合上市规则的规定以及在获得联席全球协调人事先书面同意之前，将会或将不会促使其联系人或由其控制的公司或任何代理人或以信托形式代其持有的受托人（做出）：

另外，拟人化的指称，出现零形式较多；拟物化的指称，出现名词形式较多。商务文本中指称形式的使用有着特定的商务文体功能，与商人之间虚拟的亲疏关系有着一定的象似性，这种象似性的背后是经济利益关系（吴碧宇和王建国，2012）。

吴碧宇和王建国（2012）认为，英汉商务文本中指称形式表现出物化和人化的两种趋势，在一定程度上能反映各种商务文本文体之间的差异。因为，我们认为，商务英译和汉译都需要考察待译文本的专业性程度或文学性程度，使用恰当的指称方式，保证其衔接方式具有不同商务文本的文体色彩。例如：

▌例6-132

原文：

$\emptyset_i$ Bask in the Warmth of the Philippines

$\emptyset_i$ Bask ... $\emptyset_i$ indulge ... $\emptyset_i$ luxuriate ... in beautiful white-sand beaches ... Breathtaking scenic wonders ... world-class facilities and efficient service.

But, best of all, $\emptyset_i$ bask in the special warmth and comfort that is uniquely, wonderfully Filipino.

参考译文：

$\emptyset_i$ 沐浴在菲律宾群岛的阳光里

美丽的白色沙滩上，Ø_i沐浴在……，Ø_i恣情嬉戏，Ø_i尽情享受……；美妙的风景，激动人心的奇观……；世界一流的设施，高效的服务。

不仅这些，最令人神往的是，您_i可以享受到菲律宾群岛带给你的独有的温暖、热情和舒适。

▍例6-133

原文：

A redemption application must be given in writing. It must specify the number (or in cases where the Manager, in its discretion, considers as appropriate, the redemption amount) and class of Units to be redeemed, the Fund to which the Units relate and the name(s) of the registered holder(s) and must give payment instructions for the redemption proceeds to be paid. In order for redemption to take effect on a particular Dealing Day, the redemption application must be received by the Manager not later than the redemption cut-off time for that Dealing Day (as specified in the relevant Term Sheet).

参考译文：

赎回单位的申请须以书面提出，而且须指明赎回的单位数目（或在基金经理全权决定为合适的情况下，指明赎回的金额）及类别、单位所属基金，以及登记持有人的名称，并须就支付赎回收益给予付款指示。如欲就某一交易日办理赎回的申请，赎回申请必须于该交易日（在有关的条款清单中指明）的赎回截止时间之前，由基金经理接获。

三、科技翻译

科技翻译一般有两大类：科普和专业性科技文章的翻译。科普翻译，面向一般受众，专业性科技翻译则面向专业受众。

与专业性翻译相比，科普文本的汉译扩展程度会高些，多用平行式扩展、回述性扩展；英译的压缩程度会低些。例如：

▍例6-134

原文：

As TIA's — they may be infrequent or occur several times a day — are usually very brief and no alarming, they are often ignored, with tragic consequences. If *you* promptly report them to *your* doctor, *he* will take immediate steps to discover the cause in order to prevent any impending strokes. (*From Family Circle*, Febuary, 1980)

参考译文：

（a）由于局部缺血发作——可能不常发生或者一天发生几次——通常时间很短或没有征兆，因而常常被忽视，造成悲剧性后果。如果立即报告医生，医生立即采取措施，查明原因便可防止即将发生的中风。

（b）[短暂性脑缺血发生频率不一定高，但也可能一天发生好几次，通常时间短，且没有征兆，常被患者忽视，造成悲剧性后果]。若出现短暂性脑缺血，您立即报告医生，医生就会立即采取措施查明原因，很可能发生的中风也就不会发生了。（冯志杰，1998）

科普文章会少用专业术语，整体表述的层次感、界限性要弱于以专业受众为对象的科技文章。例6-134中，为缩短与读者之间的距离，还使用"you""he"等人称句子。

译文（b）中消除了"——"带来的界限感，保留了译文（a）中"造成悲剧性后果"，形成回述性扩展，"any impending strokes"处理为"很可能发生的中风"，也是回述性扩展，即把译文（a）看起来现实性很强的表述"即将发生"说成了一种"可能"。"短暂性脑缺血"引导了话题链，形成平行式扩展。

例6-134表明，科普翻译与专业科技翻译的技巧是存在差异的。专业汉英科技翻译，应该更需要注意事物范畴分类压缩、排他式压缩等技巧。前瞻式压缩的技巧里，一些技巧使用得多，一些则使用得少，如主动转被动、具象转抽象等技巧的使用较多，未知转已知、疑问转回答的技巧则可能较少使用。这些判断以及更多的技巧使用差异，还需要参考本书中各种汉英翻译和英汉翻译技巧——去探究。

专业科技英汉翻译少用修辞式扩展、回述式扩展、汉语式的衔接方式，原因是要保证科技文本意义的强界限性，而科普英汉翻译，则相对会多使用这些技巧。

另外，科技翻译与其他文体翻译显著不同的是，一些术语的翻译与形体相关，如表6-1所示。

表6-1 与形体相关的术语翻译

原　　文	参　考　译　文
H-beam	工字梁
V-belt	三角皮带
U-steel	U字钢
cross-bit	十字钻头
X-ray	X射线
L-electron	L-电子

四、政治文本翻译

政治文本一般包括重要的会议文件、领导讲话、外交文件、政策法律法规、政府工作报告以及相关政治历史文献等。这里的政治翻译主要指对这些文本的翻译。政治翻译的最大个性应该是译者需要服务国家的政治意识（程镇球，2003；程镇球，2004；黄友义，2004；陈明明，2019）。为此，译者需要体现以下几种政治意识。

（1）一般来说，不同国家和地区的政治文本往往带有特定的意识形态色彩，政治翻译需要准确传达原文所体现的政治立场、态度和倾向。政治翻译也需要适应译入对象文化，才能获得期待的效果。例如"命运共同体"最初被译为"community of common destiny"，但西方人对"destiny"的理解是"由上天决定的、人类无法创造或改变的命运"，因而翻译为"a community of shared future"更加恰当（黄友义，2022）。[①]

（2）翻译政治术语，译者需要做到三点。

第一，避免陷入西方话语体系陷阱，如第三章第一节中提到的"中国梦"的翻译。再如，"中国大陆"，就不能译为"Mainland China"，应译为"Chinese mainland"。前一种表达属于西方话语体系，暗示有不止一个中国（黄友义，2022）。

第二，避免直译带来的政治误解。例如，"中国共产党和八个民主党派"，不宜按照字面翻译为"the Communist Party of China and eight democratic parties"，一般取"the Communist Party of China（CPC）and eight other political parties"为恰当译文（黄友义，2022）。

第三，政治术语的翻译通常需要保持其稳定性，否则会引发不必要的误解，甚至引发政治事故。然而，从实践经验来看，政治术语的翻译也需要与时俱进。当今世界已然是一个地球村，各个国家和地区间的相互了解日益加深，多年的对外开放，也让中国更加了解英语世界。一些传统的术语在当前的官方翻译文件中得到了更为恰当的诠释，反映了中国政府对英语世界最新的认识（陈明明，2019）。

（3）政治翻译还需要尊重领导的权威性和译者集体的权威性。当然，也需要时刻注意在翻译活动中能严守国家机密。

就翻译技巧而言，不同政治文本的翻译处理方式可能会出现差异。例如非常严肃的汉英政治文献翻译中，分类式压缩，尤其是主次分类压缩有时会受影响，因为译者对汉语流水句中的主次关系不能随意做出区分。而翻译一般的政治文献，应用翻译技巧的灵活性就更大。

五、法律翻译

张法连（2009）指出，法律翻译必须不折不扣、准确无误地译出原文，切忌随意解释。基于此，他提出了四条法律翻译的基本原则，即准确严谨、清晰简明、前后一致和语体规范。我

---

① "人类命运共同体"的译文为"a community with a shared future for mankind"。

们认为，准确严谨这一基本原则就是要求增强法律翻译的界限性，使其表达的内容更加准确，具有排他性，从而避免产生相关的法律问题。当然，这条基本原则似乎也适用于科技翻译、政治文献翻译中非常严谨的文体翻译。

汉语法律文本和英语法律文本，本身就具有强烈的排他性、界限性。这时我们会发现汉英翻译的压缩度是有限的，因为汉语本身就很压缩；英汉翻译的扩展度是有限的，因为法律汉语本身就不接受过于扩展的汉语表达，以免产生更大的想象空间。

法律英译和汉译都必须特别关注中国法律与英美法系的差异。同时，与语言差异相关的表述也值得注意。如我国有"高空抛物罪"，这在英美法系中就不存在，也就是说，英语中没有对应的术语。这个罪名的定名方式倾向于过程取向，符合汉语表达特点，尽管其释义在很大程度上是结果认定：

> Article 291b Whoever throws an object from a building or any other place at height, if the circumstances are serious, shall be sentenced to fixed-term imprisonment of not more than1 year, short-term custody, or non-custodial correction, and concurrently, a fine, or shall be sentenced to a fine only.
>
> Whoever commits a crime as prescribed in the preceding paragraphs, which concurrently constitutes another crime, shall be punished in accordance with the provisions that specify a heavier punishment.

法律翻译中需要特别关注语法意义。汉英标点、语法标记，尤其是英语的标点和语法标记，往往能隐含或扩展语义。

英汉法律翻译中，修辞式扩展少，排他限制式扩展多，回述式扩展少，英语界限标记对译程度高，汉语式衔接词语用得少。

另外，特殊句式和格式，也是法律语言排他性的一种表现。例如，表示义务性规范的语言，汉语表达为"有……义务""必须"，英语表达则为"It is the duty of ...""have the duty to do sth."等；表示授权性规范的语言，汉语表达为"（享）有……权利""有权……"；英语表达为"have the right to ...""enjoy rights of ...""be entitled to ..."等（张法连，2009）。例如：

┃ 例6-135

原文：

中华人民共和国公民有依照法律纳税的义务。

参考译文：

It is the duty of citizens of the People's Republic of China to pay taxes in accordance with the law.（张法连，2009）

┃ 例6-136

原文：

Citizens and juristic persons shall enjoy the right of honour.

参考译文：

公民、法人享有荣誉权。（张法连，2009）

即使不是特殊句式或格式，一些看似普通的结构的翻译也非常具有排他性，需要特别留意。例如，"in+时间"结构的翻译。我们查询了 TR Corpus 语料库，发现"in two days"在文学作品里或非正式言谈中多译为"两天（以）后"，而法律翻译中一般译为"两天内"。例如：

┃ 例6-137

原文：

We drove down from here in two days and then I stayed there for two or three days before I came back to Virginia to stay with Mrs. Welbourne.

参考译文：

<u>两天后</u>我们开车南下，在那里待了两三天，然后回到弗吉尼亚，拜访了威尔伯尼夫人。

┃ 例6-138

原文：

"I'll come soon," he promised. "Now have a rest and in two days we will be there."

参考译文：

"我很快就会过去，"他答应我，"好好休息，<u>两天以后</u>我们就会到你那里。"

┃ 例6-139

原文：

The total compensation is 500,000 yuan ($75,304), and will be paid off in two days.

参考译文：

赔偿金总额是 50 万元（约合 75 304 美元），将在<u>两天内</u>付清。

▌例6-140

原文：

The US consulate in Russia's second-largest city would be required to close in two days, he said.

参考译文：

他说，美国驻俄罗斯第二大城市的领事馆将被要求在<u>两天内</u>关闭。

很明显，"两天(以)后"的时间界限存在模糊之处，"以后"可以理解为"两天"之后的时间无穷延伸，界限性弱。而"两天之内"的时间界限就较为清晰。

第三节 小 结

参照第四章和第五章的汉英翻译方法和技巧体系以及英汉翻译方法和技巧体系，会发现不同文体翻译有不同的压缩度或扩展度，不同文体翻译在使用不同技巧时也会出现不同的频率。例如，法律翻译、科技翻译就少见原文和译文中使用汉语式的衔接方式，等等。还有更多的不同，需要将来继续观察。

▌思考题

1. 字幕翻译往往要求尽量少用字或词，有人称之为"压缩"方法。请问这种压缩方法与本书提到的汉英翻译的压缩方法有何区别？

2. 汉英法律翻译也存在前瞻式的压缩翻译，请给出翻译例证说明。

3. 不同体裁文本的翻译都遵循汉英翻译方法或英汉翻译方法，相互之间的差异主要表现在压缩度或扩展度有差异，请给出翻译例证说明。

参考文献

［1］艾米莉·勃朗特.呼啸山庄［M］.方平,译.上海:上海译文出版社,2006.

［2］艾米莉·勃朗特.呼啸山庄［M］.杨苡,译.南京:译林出版社,2011.

［3］爱米丽·勃朗特.呼啸山庄［M］.张玲,张扬,译.北京:人民文学出版社,1999.

［4］奥斯丁.傲慢与偏见［M］.张玲,张扬,译.北京:人民文学出版社,1993.

［5］鲍川运.如何突破翻译的思维定式［Z］.北京第二外国语学院讲座,2021.

［6］鲍川运.中译英的策略与方法(二)［J］.英语世界,2022a,41(6):101-105.

［7］鲍川运.中译英的策略与方法(三)［J］.英语世界,2022b,41(7):101-105.

［8］鲍川运.中译英的策略与方法(四)［J］.英语世界,2022c,41(8):103-107.

［9］鲍川运.中译英的策略与方法(五)［J］.英语世界,2022d,41(9):103-106.

［10］鲍川运.中译英的策略与方法(七)［J］.英语世界,2022e,41(11):101-105.

［11］鲍川运.中译英的策略与方法(八)［J］.英语世界,2022f,41(12):89,94-97.

［12］鲍川运.中译英的策略与方法(九)［J］.英语世界,2023a,42(1):111-114.

［13］鲍川运.中译英的策略与方法(十二)［J］.英语世界,2023b,42(4):105-109.

［14］鲍川运.中译英的策略与方法(十六)［J］.英语世界,2023c,42(8):101-105.

［15］鲍文.商务英汉/汉英翻译宏观策略研究［J］.解放军外国语学院学报,2015,38(5):20-25.

［16］蔡力坚.房地产术语翻译的概念对等［J］.中国翻译,2017,38(1):122-123.

［17］蔡力坚,杨平.《中国关键词》英译实践探微［J］.中国翻译,2017,38(2):93-104.

［18］陈明明.中文政治词语的英译问题［J］.语言战略研究,2019,(1):5-8.

［19］陈思雨.《印度农村政治:西孟加拉邦的政治分层及治理》第三章翻译实践报告［D］.上海:华东理工大学,2020.

［20］陈甜甜.《现代政治战:当前实践和可行应对》第三章翻译实践报告［D］.上海:华东理工大学,2020.

［21］程镇球.政治文献的翻译［J］.中国翻译,2004,25(1):52.

［22］程镇球.政治文章的翻译要讲政治［J］.中国翻译,2003,24(3):20-24.

［23］大仲马.基督山伯爵［M］.蒋学模,译.北京:人民文学出版社,1978.

［24］戴浩一.概念结构与非自主性语法:汉语语法概念系统初探［J］.当代语言学,2002,4

（1）：1-12,77.

［25］戴浩一.时间顺序和汉语的语序［J］.黄河,译.国外语言学,1988,（1）：10-20.

［26］戴浩一.中文构词与句法的概念结构［J］.华语文教学研究,2007,4（1）：1-30.

［27］厄·海明威.老人与海［M］.海观,译.上海：上海译文出版社,1979.

［28］冯志杰.汉英科技翻译指要［M］.北京：中国对外翻译出版公司,1998.

［29］弗朗西斯·司各特·菲兹杰拉德.了不起的盖茨比［M］.李继宏,译.天津：天津人民
出版社,2013.

［30］傅勇林,唐跃勤.科技翻译［M］.北京：外语教学与研究出版社,2012.

［31］高玉霞,黄友义.从新时代领导人著作翻译看国家翻译实践新趋势——黄友义先生访
谈录［J］.中国翻译,2021,42（6）：80-85.

［32］葛传椝.漫谈由汉译英问题［J］.中国翻译,1980,1（2）：1-8.

［33］葛浩文.我行我素：葛浩文与浩文葛［J］.史国强,译.中国比较文学,2014,（1）：10,37-
49.

［34］龚千炎.现代汉语的时间系统［J］.世界汉语教学,1994,（1）：1-6.

［35］郭建中.翻译中的文化因素：异化与归化［J］.外国语（上海外国语大学学报）,1998,
（2）：12-19.

［36］哈代.德伯家的苔丝［M］.张谷若,译.北京：人民文学出版社,1957.

［37］海明威.老人与海［M］.宋碧云,译.台北：桂冠出版社,2000.

［38］海明威.老人与海（英文版）［M］.北京：世界图书出版公司,1989.

［39］何自然.汉英翻译中概念结构的转换［J］.北京科技大学学报（社会科学版）,2015,31
（6）：1-6.

［40］胡安江,彭红艳.译者意图与读者期待——论《一朵红红的玫瑰》两个中译本的翻译策
略选择［J］.外国语文,2017,33（6）：129-134.

［41］黄佳悦.文本类型理论视角下的《印度农村政治》（节选）翻译实践报告［D］.上海：华
东理工大学,2020.

［42］黄友义.从"翻译世界"到"翻译中国"：对外传播与翻译实践文集［M］.北京：外文出
版社,2022.

［43］黄友义.坚持"外宣三贴近"原则,处理好外宣翻译中的难点问题［J］.中国翻译,
2004,25（6）：29-30.

［44］贾毓玲.对融通中外话语体系建设的几点思考——《求是》英译体会［J］.中国翻译,
2015,36（5）：93-95.

［45］简·奥斯丁.傲慢与偏见［M］.孙致礼,译.南京：译林出版社,1990.

［46］简·奥斯丁.傲慢与偏见［M］.王科一,译.上海:上海译文出版社,2010.

［47］简·奥斯汀.傲慢与偏见［M］.罗良功,译.武汉:长江文艺出版社,2007.

［48］瞿云华,冯志伟.汉语时体的分类和语义解释［J］.浙江大学学报(人文社会科学版),
　　　2006,36(3):169-175.

［49］老舍.骆驼祥子［M］.北京:人民文学出版社,2000.

［50］李葆嘉.理论语言学:人文与科学的双重精神［M］.南京:江苏古籍出版社,2001.

［51］李克兴,张新红.法律文本与法律翻译［M］.北京:中国对外翻译出版公司,2006.

［52］李相蓉.《雄狮归来》(节选)英译汉翻译实践报告［D］.上海:华东理工大学,2021.

［53］李运兴.字幕翻译的策略［J］.中国翻译,2001,22(4):38-40.

［54］李泽厚.关于《有关伦理学的答问》的补充说明(2008)［J］.哲学动态,2009,(11):
　　　26-33.

［55］李宗吾.李宗吾心理与心力智慧全书［M］.北京:世界知识出版社,2009.

［56］连淑能.论中西思维方式［J］.外语与外语教学,2002,(2):40-46,63-64.

［57］连淑能.英汉对比研究(增订本)［M］.北京:高等教育出版社,2010.

［58］连淑能.英语的"抽象"与汉语的"具体"［J］.外语学刊(黑龙江大学学报),1993,
　　　(3):24-31.

［59］刘丹青.语义优先还是语用优先——汉语语法学体系建设断想［J］.语文研究,1995,
　　　(2):10-15.

［60］刘法公.商贸汉英翻译的原则探索［J］.中国翻译,2002,23(1):44-48.

［61］刘宓庆.翻译基础［M］.上海:华东师范大学出版社,2008.

［62］刘宓庆.汉英对比研究的理论问题(下)［J］.外国语(上海外国语学院学报),1991,
　　　(5):46-50.

［63］刘宓庆.试论英汉词义的差异［J］.外国语(上海外国语学院学报),1980,1(1):16-20.

［64］刘宓庆.新编汉英对比与翻译［M］.北京:中国对外翻译出版公司,2006.

［65］刘震云.我不是潘金莲［M］.武汉:长江文艺出版社,2012.

［66］鲁迅.鲁迅全集［M］.北京:人民文学出版社,2005.

［67］路易斯·加乐尔.阿丽思漫游奇境记　附:阿丽思漫游镜中世界(英汉对照)［M］.赵
　　　元任,译.北京:商务印书馆,1988.

［68］吕叔湘.汉语语法分析问题［M］.北京:商务印书馆,1979.

［69］罗贯中.三国演义［M］.北京:人民文学出版社,1953.

［70］罗新璋,陈应年.翻译论集(修订本)［M］.北京:商务印书馆,1984.

［71］马洪林.戊戌后康有为对西方世界的观察与思考［J］.传统文化与现代化,1994,(1):

19-28.

［72］莫言.丰乳肥臀［M］.上海：上海文艺出版社,2012.

［73］潘文国.对比研究与对外汉语教学——兼论对比研究的三个时期、三个目标和三个层面［J］.暨南大学华文学院学报,2003,（1）：5-7,52.

［74］潘文国.汉英语对比纲要［M］.北京：北京语言文化大学出版社,1997.

［75］潘文国.英汉语对比研究的基本方法与创新［J］.外语教学,2019,40（1）：1-6.

［76］邱懋如.可译性及零翻译［J］.中国翻译,2001,22（1）：24-27.

［77］任文茂.《江南园林论》（节选）翻译实践报告［D］.上海：华东理工大学,2020.

［78］萨克雷.名利场［M］.彭长江,译.北京：中国书籍出版社,2006.

［79］萨克雷.名利场［M］.荣如德,译.上海：上海译文出版社,2007.

［80］萨克雷.杨必译名利场［M］.杨必,译.北京：人民文学出版社,1957.

［81］邵志洪.英汉词汇语义容量比较［J］.外语与外语教学（大连外国语学院学报）,1996（2）：15-20,56.

［82］邵志洪.英汉平行结构对比研究［J］.四川外语学院学报,2001,17（5）：58-62.

［83］沈从文.边城［M］.北京：人民文学出版社,2000.

［84］沈家煊."糅合"和"截搭"［J］.世界汉语教学,2006,（4）：5-12,146.

［85］沈家煊.从唐诗的对偶看汉语的词类和语法［J］.当代修辞学,2016,（3）：1-12.

［86］沈家煊.从语言看中西方的范畴观［J］.中国社会科学,2017,（7）：131-143,207.

［87］沈家煊.有关思维模式的英汉差异［J］.现代外语,2020,43（1）：1-17.

［88］沈家煊.怎样对比才有说服力——以英汉名动对比为例［J］.现代外语,2012,35（1）：1-13,108.

［89］施耐庵.水浒传［M］.北京：人民文学出版社,1975.

［90］石毓智.现代汉语语法系统的建立：动补结构的产生及其影响［M］.北京：北京语言大学出版社,2003.

［91］石毓智.语法的概念基础［M］.上海：上海外语教育出版社,2006.

［92］石毓智.语法的认知语义基础［M］.南昌：江西教育出版社,2000.

［93］孙会军.过程导向vs.结果导向：汉英翻译探微［J］.英语世界,2021,（7）：111-116.

［94］孙隆基.中国文化的深层结构［M］.桂林：广西师范大学出版社,2004.

［95］孙致礼.再谈文学翻译的策略问题［J］.中国翻译,2003,24（1）：50-53.

［96］孙致礼.中国的文学翻译：从归化趋向异化［J］.中国翻译,2002,23（1）：39-43.

［97］托马斯·哈代.德伯家的苔丝［M］.王忠祥,聂珍钊,译.广州：花城出版社,2015.

［98］托马斯·哈代.苔丝［M］.孙法理,译.南京：译林出版社,1993.

［99］王建国,戴箐萱.汉英语用差异对电影字幕翻译的影响——以《天籁梦想》字幕翻译为例［J］.中国翻译,2023,44(3):148-155.

［100］王建国,何自然.重过程,还是重结果? —译者的母语对英译文本的影响［J］.上海翻译,2014,(2):7—12.

［101］王建国,谢飞.论汉英语用差异对翻译的影响——基于对《边城》四译本的对比分析［J］.中国翻译,2020,41(3):100-109,189.

［102］王建国.重读《中式英语之鉴》［J］.华东理工大学学报(社会科学版),2019a,34(6):104-113.

［103］王建国.汉英对比视角下的翻译实践分析［M］.北京:中译出版社,2023.

［104］王建国.汉英翻译学:基础理论与实践［M］.北京:中译出版社,2019b.

［105］王建国.科技翻译的灵活性与模式化［J］.中国科技翻译,2004,17(2):9-11,54.

［106］王建国.论话题的延续:基于话题链的汉英篇章研究［M］.上海:上海交通大学出版社,2013.

［107］王建国.青年学生性别差异与翻译中的性别视角研究［J］.江西财经大学学报,2005,(6):81-84.

［108］王建国.译者的母语思维方式对翻译实践的影响［J］.广译:语言、文学、与文化翻译,2016,(13):1-27.

［109］王建国.英汉翻译学:基础理论与实践［M］.北京:中译出版社,2020.

［110］王力.王力文集(第一卷)［M］.济南:山东教育出版社,1984.

［111］王力.中国现代语法［M］.北京:商务印书馆,1985.

［112］王弄笙.汉英翻译中的CHINGLISH［J］.中国翻译,2000,21(2):31-35.

［113］王若涵.植物拉丁学名的解析及规范表述［J］.中国科技翻译,2019,32(4):20-23.

［114］王文斌.论英语的时间性特质与汉语的空间性特质［J］.外语教学与研究,2013,45(2):163-173,318.

［115］王寅.英汉语言宏观结构区别特征［J］.外国语(上海外国语学院学报),1990,(6):26,38-42.

［116］邬俊波.鲁迅小说英译中的汉语形式肯定改译英语形式否定研究［D］.上海:华东理工大学,2021.

［117］吴碧宇,饶曙光,王建国.论中国少数民族题材电影片名英译策略［J］.当代电影,2016,(8):130-134.

［118］吴碧宇,王建国.汉英审美观差异及其语言表现［J］.华东理工大学学报(社会科学版),2017,32(2):98-106,116.

［119］ 吴碧宇,王建国.英汉商务文本中指称形式的特点和功能［J］.中国ESP研究,2012,
（1）:8-15

［120］ 吴承恩.西游记［M］.杭州:浙江古籍出版社,1993.

［121］ 伍绮诗.无声告白［M］.孙璐,译.南京:江苏凤凰文艺出版社,2015.

［122］ 习近平.决胜全面建成小康社会夺取新时代中国特色社会主义伟大胜利——在中国
共产党第十九次全国人民代表大会上的报告［M］.北京:人民出版社,2017.

［123］ 谢世坚.话语标记语研究综述［J］.山东外语教学,2009,30(5):15-21.

［124］ 熊兵.翻译研究中的概念混淆——以"翻译策略""翻译方法"和"翻译技巧"为例
［J］.中国翻译,2014,35(3):82-88.

［125］ 杨自俭.序［M］//潘文国.汉英语对比纲要.北京:北京语言文化大学出版社,1997:
Ⅰ-Ⅵ.

［126］ 姚斌,冯爱苏.会议发言中"前言"和"结语"的汉英口译策略［J］.英语学习,2020,
（8）:65-68.

［127］ 袁毓林.关于认知语言学的理论思考［J］.中国社会科学,1994,（1）:183-198.

［128］ 张法连.法律文体翻译基本原则探究［J］.中国翻译,2009,30(5):72-76,96.

［129］ 张顺生."为译文读者而译"——例说《汉英翻译学:基础理论与实践》的英汉互译策
略［J］.英语学习,2021,（10）:72-76.

［130］ 张艳.中国当代儿童文学《淘气包马小跳》英译的叙事调适研究［D］.北京:北京第
二外国语学院,2017.

［131］ 郑家昕.英语科技新闻中专有名词和专业术语的汉译实践报告［D］.上海:华东理工
大学,2021.

［132］中华思想文化术语编委会.中华思想文化术语1:汉英对照［M］.北京:外语教学与
研究出版社,2015.

［133］ 朱志瑜.翻译研究:规定、描写、伦理［J］.中国翻译,2009,30(3):5-12,95.

［134］ 宗白华.美学散步（彩图本）［M］.上海:上海人民出版社,2015.

［135］ Austen J. *Pride and Prejudice* [M]. New York: Random House, 1983.

［136］ Brontë E. *Wuthering Heights* [M]. New York: Harper Collins Publishers, 2009.

［137］ Carroll L. *Alice's Adventure in Wonderland and Through the Looking-Glass* [M]. New
York: Barnes & Noble Books, 2004.

［138］ Chesterman A. Models of What Processes? [J]. *Translation and Interpreting Studies*,
2013, 8(2): 155-168.

［139］ Cintas D J, Remael A. *Audiovisual Translation: Subtitling* [M]. London and New York:

Routledge, 2007.

[140] Dumas A. *The Count of Monte Cristo* (Abridged Edition) [M]. New York: Dover Publications, 2007.

[141] Fitzgerald F S. *The Great Gatsby* [M]. London: Penguin Books, 2000.

[142] Hardy T. *Tess of the d'Urbervilles* (2nd Edition) [M]. Peterborough: Broadview Press, 2007.

[143] Kinkley J C. English Translations of Shen Congwen's Masterwork, *Bian Cheng* (*Border Town*) [J]. *Asian and African Studies*, 2014, 23(1): 37−59.

[144] Lao She. *Teahouse & Camel Xiangzi* [M]. Shi Xiaojing, Trans. Beijing: Foreign Languages Press, 2014.

[145] Lao She. *Rickshaw Boy: A Novel* [M]. Goldblatt H, Trans. New York: Harper Collins Publishers, 2010.

[146] Leech G N. *Principles of Pragmatics* [M]. London: Longman, 1983.

[147] Levý J. Translation as a Decision Process [M]//Venuti L. *The Translation Studies Reader*. London and New York: Routledge, 2000: 148−159.

[148] Li C N, Thompson S A. Subject and Topic: A New Typology of Language [M]//Li C N. *Subject and Topic*. London and New York: Academic Press, 1976: 457−489.

[149] Li C I. Participant Anaphora in Mandarin Chinese [D]. Gainesville: University of Florida, 1985.

[150] Lingenfelter A. Howard Goldblatt on How the Navy Saved His Life and Why Literary Translation Matters [J]. *Full Tilt*, 2007, (2): 35−37.

[151] Liu Zhenyun. *I Did Not Kill My Husband: A Novel* [M]. Goldblatt H, Lin S L, Trans. New York: Arcade Publishing, 2014.

[152] Lu Xun. *The Real Story of Ah-Q and Other Tales of China: The Complete Fiction of Lu Xun* [M]. Lovell J, Trans. London: Penguin Books, 2010.

[153] Mitchell M. *Gone with the Wind* [M]. London: Pan Macmillan, 2022.

[154] Mo Yan. *Big Breasts & Wide Hips: A Novel* [M]. Goldblatt H, Trans. New York: Arcade Publishing, 2012.

[155] Newmark P. *Approaches to Translation* [M]. Oxford: Pergamon, 1981.

[156] Ng C. *Everything I Never Told You* [M]. London: Penguin Books, 2015.

[157] Ng K. Review of *Big Breasts and Wide Hips* [EB/OL]. (2022−09−15)[2005−10−23]. https://u.osu.edu/mclc/book-reviews/big-breasts-and-wide-hips/.

［158］ Nida E A. *Translating Meaning* [M]. San Francisco: English Language Institute, 1982.

［159］ Pinkham J. *The Translator's Guide to Chinglish* [M]. Beijing: Foreign Language Teaching and Research Press, 2000.

［160］ Shen Ch'ung-wen. Green Jade and Green Jade [M]. Hahn E, Shing Mo-lei, Trans.//Wu J C H, Wen Yuan-ning. *T'ien Hsia Monthly*. Beijing: National Library of China Publishing House, 2009: 87−107, 174−196, 271−299, 360−390.

［161］ Shen Congwen. *Border Town: A Novel* [M]. Kinkley J C, Trans. New York: Harper Collions Publishers, 2009.

［162］ Shen Congwen. *The Border Town and Other Stories* [M]. Yang G, Trans. Beijing: Chinese Literature Press, 1981.

［163］ Shen Tseng-wen. *The Chinese Earth* [M]. Ching Ti, Payne R, Trans. London: Allen and Unwin, 1947.

［164］ Shi Nai'an, Luo Guanzhong. *Outlaws of the Marsh* [M]. Shapiro S, Trans. Beijing: Foreign Languages Press, 1980.

［165］ Thackeray W M. *Vanity Fair* [M]. New York: W. W. Norton & Company, 1994.

［166］ Tsao Feng-fu. A Functional Study of Topic in Chinese: The First Step Toward Discourse Analysis [D]. Los Angeles: University of South California, 1977.

［167］ Turnbull P. Phoney Friend [J]. *Ellery Queen's Mystery Magazine*, 2022, 159(5&6): 115−123.

［168］ Wu Cheng'en. *Journey to the West* [M]. Jenner W J F, Trans. Beijing: Foreign Languages Press, 1986.

［169］ Xi Jinping. *The Governance of China Ⅲ* [M]. Beijing: Foreign Languages Press, 2020.

［170］ Yardley J. This massive novel, which ... [N]. *Washington Post*, 2004−11−28 (BW02).

其他：

《钱在路上跑》《赵士林：向〈论语〉借智慧》《战狼》《哪吒之魔童降世》《云南故事》《甄嬛传》《我不是药神》《幸福额度》《花木兰》《定居者》《枪战之死》《盖亚》《长城》《英雄》《天缘・纳木措》《了不起的盖茨比》《绿皮书》《天籁梦想》《唐卡》《德吉德》；CCL 汉英双语语料库，译者培训语料库（香港理工大学），Collins 网络词典；2020 年大学英语六级考试试题

后 记

自2014年我和何自然先生提出语用上汉语重过程而英语重结果的观点以来，我们已经出版了系列汉英对比与翻译研究著作，本书是第4部。

(1)《汉英翻译学》(2019)初步提出了汉英存在界限性强弱差异的观点，也指出了英语母语译者的译文更具结果取向，涉及了汉英前瞻性强弱的差异。

(2)《英汉翻译学》(2020)进一步明晰了《汉英翻译学》的观点，初步提出了英汉翻译技巧体系。

(3)《汉英对比视角下的翻译实践分析》(2023)明确了汉英两大基本差异，并把这两种差异重新分类，用例证进行解释。

(4)《汉英对比与翻译》(2025)进一步明确了汉英的基本差异和显著差异，汉英翻译技巧和英汉翻译技巧进一步体系化，说明了不同文体翻译的共性与个性。

本书的写作延续了我们从事汉英对比与翻译研究的传统。多年来，由我指导的华东理工大学和对外经济贸易大学的本科生和研究生(如徐洁、黄瑞昕、谢飞、韩其君、张虹、王丹、邬俊波、陈伊芸、蔡佳佳、孔嘉琪、李晓婧、徐婉晴、李婕、叶伊婷、王佳敏、任文茂、郑家昕、李相蓉、洛桑、李雁楠、李安、赵伊琳、周玲琪等)参与了与本书相关的部分研究工作，其中一些内容在部分章节中有所体现。同时，多届华东理工大学本科生、研究生和上海财经大学2019级的部分本科生也为本书的写作提供了丰富的语料，尤其是现北京航空航天大学博士生王佳敏同学和东南大学博士生庄甘林同学。

这本书的写作得益于美国明德大学蒙特雷国际学院鲍川运教授的帮助，我从他给我的指导、给我的资料以及他的讲座中得到许多启发。另外，我要特别感谢华中科技大学王树槐教授和山东科技大学侯林平教授，他们给我提供了许多翻译作品、理论书籍以及多个平行语料库。诸多师友，如北京航天航空大学武光军教授，上海外国语大学孙会军教授，北京外国语大学姚斌教授，复旦大学王炎强副教授，中国海洋大学贺爱军教授，华东师范大学赵刚教授，上海交通大学管新潮副教授，香港理工大学刘康龙副教授，对外经济贸易大学王雪明教授，华南师范大学黄晓佳副教授，华东理工大学吴建伟教授、郑国锋教授、徐宝华老师等也在本书的写作过程中给予了关心和关注。

　　本书几易其稿,逐步完善,离不开本书写作的发起人华东师范大学出版社李恒平老师以及编辑袁一蓮老师。为了保证质量,他们一遍又一遍地校对,付出了心血,使得本书得以顺利出版。